신방수 세무사의
확 바뀐 상가·빌딩
절세 가이드북

신방수 세무사의
확 바뀐
상가
빌딩
절세 가이드북

신방수 지음

매일경제신문사

머리말

상가와 빌딩 등 수익형 부동산은 주택이나 토지에 비해 세제상의 규제가 심하지 않다. 일반 국민의 실생활과 다소 거리가 있기 때문이다. 이러한 이유로 취득세나 보유세 그리고 양도소득세는 중과세가 아닌 일반과세가 적용되고 있다. 하지만 상가나 빌딩이 세법에서 정하고 있는 고급오락장에 해당하면 취득세와 재산세가 중과세로 돌변한다. 한편 상가 등을 매매나 증여하면 부가가치세가 발생하는데, 실무처리를 잘못해 손해가 자주 발생하곤 한다. 더 나아가 잔뜩 오른 상가나 빌딩을 상속이나 증여를 하면 기준시가가 아닌 감정평가로 신고해야 하는 상황으로 몰리는 경우도 많아 이래저래 세금관리에 비상이 걸리고 있다.

이 책은 이러한 배경 아래 상가나 빌딩을 보유하고 있거나 중개 등을 할 때 부닥치는 다양한 세무상 쟁점들을 해결하기 위해 집필되었다. 이 책의 특징들을 요약하면 다음과 같다.

첫째, 국내 최초로 상가와 빌딩에 관한 세제의 전반을 다루었다.

상가나 빌딩에 관련된 세제는 취득세, 보유세, 임대소득세, 양도소득세, 부가가치세, 상속세, 증여세 등 사실상 모든 부동산 세제가 연관되어 있다. 이러다 보니 상가 등에 관련된 세무상 쟁점들을 한 방에 해결하기가 상당히 힘든 경우가 많았다. 이에 저자는 국내 최초로 상가와 빌딩에 대한 세무만을 별도로 모아 이 책 한 권으로 상가·빌딩에 대한 다양한 세무상 쟁점들을 모두 해결할 수 있도록 심혈을 기울였다.

이 책의 주요 내용을 살펴보면 다음과 같다.

· **제1장** 상가·빌딩세금의 기본기 다지기
· **제2장** 부동산 임대업과 사업자등록절차
· **제3장** 상가·빌딩 취득 시의 절세 가이드
· **제4장** 상가·빌딩 보유·임대 시의 절세 가이드
· **제5장** 상가·빌딩 양도 시의 절세 가이드
· **제6장** 상가·빌딩 상속·증여 시의 절세 가이드
· **부 록** 오피스텔·상가주택·고시원 세금의 모든 것

둘째, 최근에 변경된 세제를 심층적으로 분석했다.

최근 부동산 세제가 전반적으로 강화되고 있다. 다만, 상가나 빌딩은 이러한 파고에서 약간 비켜나 있지만, 기준시가로 신고된 증여재산가액을 감정평가액으로 과세하거나 증여 취득세 과세표준을 시가로 인상하는 안 등은 이의 소유자에게 많은 부담감을 주고 있다. 상가나 빌딩 소유자들은 대개 처분이 아닌 증여로 대책을 세우곤 하는데, 이에 대한 세부담이 크게 증가하기 때문이다. 이 책은 이러한 추세를 분석하고, 이에 맞는 대응법 등을 체계적으로 분석

했다. 이에 더 나아가 실무처리 시 혼란이 많이 발생하는 부가가치세 계산과 포괄양수도계약 등에 대해서도 상당 부분을 할애해 세무리스크를 예방할 수 있도록 했다.

셋째, 본인의 상황에 맞는 절세방법을 찾을 수 있도록 했다.

모름지기 책은 지식의 깊이를 더하는 것도 중요하지만 실전에서의 활용도가 높아야 한다. 따라서 이를 위해서는 각자가 처한 상황에 맞는 전략을 수행하기 위해 다양한 사례가 제시되는 것이 바람직하다. 이 책은 그동안 저자가 20년 넘게 현장에서 익히고 경험한 사례들을 발굴해 독자들이 가장 궁금해하는 내용을 엄선해 집필했다. 독자들은 이 책을 통해 상가·빌딩·상가주택·오피스텔·고시원 등 수익형 부동산에 대한 다양한 세무상 쟁점들을 확인하는 한편, 본인에 맞는 절세방법을 스스로 찾을 수 있을 것으로 기대한다.

이 책은 상가와 빌딩에 대한 모든 세제를 집중적으로 다룬 대중서에 해당한다. 따라서 현재 상가나 빌딩을 보유하고 있거나 보유할 예정에 있는 가정에서 한 번씩 보면 좋을 내용으로 가득하다. 이외 자산관리나 중개업계, 그리고 세무업계에 종사하는 분들도 한번씩 보면 좋을 것이다. 특히 매매계약이나 증여계약 시에는 다양한 세무상 쟁점들이 발생할 수 있으므로 누구라도 사전에 이를 점검하는 것이 좋을 것이다. 만약 책을 읽다가 궁금한 사항이 있으면 언제든지 저자가 운영하는 카페(네이버 신방수세무아카데미)를 찾기 바란다. 여기에서는 실시간 세무상담은 물론이고, 수많은 정보를 손쉽게 획득할 수 있다. 또 부동산 세금을 자동으로 계산할 수 있는 엑셀 툴들도 활용할 수 있다.

이 책은 많은 분들의 도움을 받아 출간되었다.

우선 늘 저자를 응원해주는 카페 회원들의 도움이 컸다. 이분들의 관심과 성원에 힘입어 원고를 완성할 수 있었다. 또한 출판사의 배성분 팀장님과 공민호 실장님께도 감사의 말씀을 드린다. 이외에 세무법인 정상의 임직원과 항상 가족의 안녕을 위해 기도하는 아내 배순자와 대학생으로서 학업에 열중하고 있는 큰딸 하영이와 작은딸 주영이에게도 감사의 뜻을 전한다.

아무쪼록 이 책 한 권이 상가와 빌딩 등에 관련된 모든 세제를 이해하는 데 조그마한 도움이라도 되었으면 한다.

역삼동 사무실에서
세무사 신방수

Contents

제1장 상가·빌딩세금의 기본기 다지기

제2장 부동산 임대업과 사업자등록절차

※ 일러두기

이 책을 읽을 때는 다음 사항에 주의하시기 바랍니다.

1. 개정세법의 확인

이 책은 2022년 3월에 적용되고 있는 세법을 기준으로 집필되었습니다. 실무에 적용시에는 그 당시에 적용되는 세법을 확인하는 것이 좋습니다. 세법개정이 수시로 일어나기 때문입니다. 저자의 카페나 전문세무사의 확인을 받도록 하시기 바랍니다.

2. 부동산 법인에 대한 세무 정보

이 책은 주로 개인이 보유하고 있는 상가 등에 대한 세제를 다루고 있습니다. 법인이 보유하고 있는 상가 등에 대한 세무에 대한 정보는 저자의 《법인부동산 세무리스크 관리노하우》 등을 참조하시기 바랍니다.

3. 정부의 세제정책 등에 대한 정보

· 정부의 부동산 대책에 대한 정보는 '국토교통부', 세제정책은 '기획재정부와 행정안전부'의 홈페이지에서 알 수 있습니다.

· 개정세법 및 개정법률 등은 '국회(법률)', '정부입법지원센터(시행령)', 일반 법률은 '법제처'의 홈페이지에서 검색할 수 있습니다.

· 국세에 대한 세무정보는 '홈택스', 지방세에 대한 세무정보는 '위택스' 홈페이지에서 확인할 수 있습니다.

· 부가가치세 안분기준 등에 사용되는 기준시가에 대한 정보는 국세청 홈택스 홈페이지 등에서 알 수 있습니다.

4. 책에 대한 문의 및 세무상담 등

책 표지 안 날개 하단을 참조하시기 바랍니다.

제 **1** 장

상가·빌딩세금의
기본기 다지기

01 상가·빌딩의 투자와 세금

상가·빌딩(이하 상가)은 주로 임대업을 영위하기 위해 보유하고 있는 사업용 고정자산에 해당한다. 이러한 상가는 주로 자본이 있는 사람들이 이를 필요로 하는 사람들에게 임대하는 방식으로 투자 활동이 일어나게 된다. 이하에서 상가 투자 시 알아야 할 세금 문제에 대해 알아보자.

1. 기본 사례

K씨는 상가(토지가액 1억 원, 건물가액 1억 원)를 취득해 임대하려고 한다. 물음에 답하면?

Q¹. 취득단계부터 양도단계까지 발생하는 세금에는 어떤 것들이 있는가?

상가를 취득하면 우선 취득세와 부가가치세가 발생한다. 취득세는 취득가액의 4%(지방교육세 등 포함 시 4.6%), 부가가치세는 일반과세자의 경우 건물공급가액의 10%(간이과세자는 업종별 부가율 40%×10%임)를 말한다. 한편 보유 중에는 재산세와 종합부동산세인 보유세가, 임대 시에는 임대료에 대한 부가가치세와 종합소득세가 부과된다. 마지막으로 양도 시에는 부가가치세와 양도소득세가 발생한다. 이러한 세금들은 모두 상가의 수익률에 영향을 미친다.

☞ 상가와 빌딩은 주택에 비해 세제규제가 심하지 않으나, 사치성 재산의 취득이나 보유 시에는 취득세와 재산세가 중과세 됨에 유의해야 한다. 한편 취득부터 증여까지 부가가치세 문제가 발생함에도 유의해야 한다.

Q². 취득할 때 발생하는 부가가치세는 얼마이며, K씨는 이를 환급받을 수 있는가?

K씨의 부가가치세를 제외한 투자 금액은 2억 원이다. 이 중 건물가액이 1억 원이므로 부가가치세는 1천만 원이 된다. 토지의 공급에 대해서는 부가가치세가 면제되기 때문이다. 그런데 이때 발생한 부가가치세는 K씨가 일반과세자로 사업자등록 후 신청을 통해 환급을 받을 수 있다.

☞ 상가세금 중 부가가치세는 가장 쟁점이 되는 세목이다. 이에 대해서는 전문가 수준의 실력을 겸비해야 한다.

Q³. 양도 시에는 왜 부가가치세가 부과될까?

사업자의 지위에서 보유한 재화(상가)를 공급하면 부가가치세 과세 대상에 해당하기 때문이다. 부가가치세는 생산 또는 유통단계에 있는 사업자가 사업과정에서 창출한 부가가치에 부과되는 세목에 해당한다.

Q⁴. 양도 시 발생하는 부가가치세는 매도인의 부담인가? 아니면 매수인의 부담인가?

원칙적으로 매수인의 부담이다. 매도인은 매수인이 부담할 부가가치세를 국가를 대신해 징수하는 입장에 있기 때문이다. 하지만 계약을 통해 매도인이 부담하는 경우도 있을 수 있다.

2. 상가 관련 쟁점 세금

상가의 취득단계부터 양도단계까지 대두되는 쟁점 세금을 정리하면 다음과 같다.

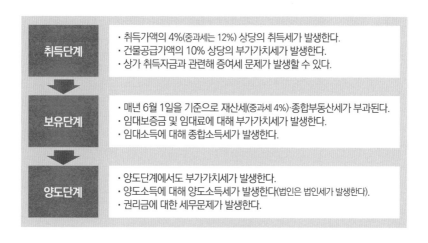

- **취득단계**
  - · 취득가액의 4%(중과세는 12%) 상당의 취득세가 발생한다.
  - · 건물공급가액의 10% 상당의 부가가치세가 발생한다.
  - · 상가 취득자금과 관련해 증여세 문제가 발생할 수 있다.

- **보유단계**
  - · 매년 6월 1일을 기준으로 재산세(중과세 4%)·종합부동산세가 부과된다.
  - · 임대보증금 및 임대료에 대해 부가가치세가 발생한다.
  - · 임대소득에 대해 종합소득세가 발생한다.

- **양도단계**
  - · 양도단계에서도 부가가치세가 발생한다.
  - · 양도소득에 대해 양도소득세가 발생한다(법인은 법인세가 발생한다).
  - · 권리금에 대한 세무문제가 발생한다.

상가와 관련한 세금 중 고급오락장 등 사치성 재산을 취득하거나 보유하고 있으면 취득세와 재산세에서 중과세제도가 적용될 수 있음에 유의해야 한다.

3. 실전 사례

경기도 일산에서 살고 있는 L씨는 이번에 상가를 하나 분양받았다. 상가의 분양가격구조는 다음과 같다.

구분	금액
건물공급가액	1억 원
토지공급가액	1억 원
부가가치세	1천만 원
계	2억 1천만 원

Q1. 취득세는 얼마인가? 단, 취득세율은 4%라고 한다.

취득세는 과세표준에 세율을 곱해 계산한다. 여기서 쟁점은 부가가치세를 포함한 2억 1천만 원에 세율을 곱할 것인지, 이를 제외한 2억 원에 세율을 곱할 것인지가 된다. 이에 대해 세법은 부가가치세를 제외한 공급가액에 취득세를 부과한다. 따라서 부가가치세 10%인 1천만 원은 취득세 계산 시 포함되지 않는다. 그 결과 사례의 취득세는 800만 원(지방교육세 등 0.6% 추가 시 920만 원)이 된다.

Q². 이 상가의 적정임대수익률이 4%라면 월 얼마 정도의 임대수익
이 발생해야 할까?

부가가치세를 제외한 투자 금액이 2억 원이므로 이에 4%를 적용
하면 연간 800만 원, 월로 따지면 67만 원 이상의 임대수익이 발생
해야 한다. 참고로 이 수익은 세전수익이 되므로 여기에 소득세(지
방소득세 포함)를 차감하면 세후수익률이 계산된다. 투자자들은 본
인의 근로소득 등에 임대소득이 합산되어 과세되므로 이 부분을 고
려해 명의 등을 정하려는 노력이 필요하다.

Q³. 이 상가를 1년 6개월 만에 2억 2천만 원에 양도했다고 하자. 세
율은 40%라고 가정한다면 양도소득세는 얼마일까? 단, 기본공
제는 적용하고 다른 사항은 무시한다.

앞의 물음에 맞춰 답을 찾아보면 다음과 같다.

구분	금액	비고
양도가액	2억 2천만 원	
- 취득가액	2억 원	부가가치세가 미환급 시는 취득가액에 포함됨.
= 양도차익	2천만 원	
- 장기보유특별공제	0원	보유기간이 3년 이상 시 적용
- 기본공제	250만 원	
= 과세표준	1,750만 원	
× 세율	40%	1~2년 미만 보유 시 적용되는 세율
- 누진공제	0원	
= 산출세액	700만 원	이외 지방소득세(구 주민세)가 10% 별도 부과됨.

Tip 상가의 세금플로우

상가의 핵심적인 세금문제를 거래단계별로 정리해보자.

절차	내용
취득 시	· 부가가치세 → 10%(일반과세자), 4%(간이과세자), 0%(비사업자) ☞ 앞의 부가가치세는 포괄양수도계약*¹에 의해 생략할 수 있음. · 취득세 → 취득가액(VAT제외)의 4.6%(고급오락장은 13.4%)
세금계산서 수수	· 일반과세자가 공급하는 경우(간이과세자는 발급 불가) · 토지는 계산서 발급(미발급하더라도 불이익이 없음)
사업자등록과 부가가치세 환급	· 사업자등록 → 사업개시일로부터 20일 내 등록, 사업개시 전도 가능 · 부가가치세 환급을 위해서는 계약과 동시에 등록하는 것이 좋음.
보유 시	· 재산세(매년 6월 1일 기준, 고급오락장은 4%로 중과세) · 종합부동산세(토지 공시지가가 80억 원 초과 시 부과됨)
임대 시	· 임대료에 대한 부가가치세(임대보증금에 대해서도 발생) · 임대소득세 → 다음 해 5월 중 신고(단, 성실신고확인사업자는 6월까지)
양도 시	· 상가 양도 또는 폐업 시 잔존재화*²에 대한 부가가치세 검토 → 일반적으로 상가는 잔금청산 후에 폐업하는 것이 바람직함. · 양도소득세 → 양도일이 속하는 달의 말일로부터 2개월 내에 신고
폐업 신고	· 폐업 신고 → 상가 양도 후 폐업 신고 · 부가가치세 신고 → 폐업일이 속한 달의 말일로부터 25일 내

*¹ 포괄양수도계약 : 사업에 관한 모든 권리와 의무를 상가 매수인에게 그대로 이전하는 계약
*² 폐업 시 잔존재화 : 폐업 시 남아 있는 재화(물건 등)

02 상가의 경매와 세금

상가 투자는 본인의 자금이나 대출을 이용하거나 경매 등을 통해 이루어지는 것이 일반적이다. 이 중 경매로 상가를 취득하는 경우 앞에서 본 세금문제들이 그대로 적용되나 경매의 특성상 부가가치세가 발생하지 않는 것 정도가 차이 난다. 이하에서 상가 경매 투자자들이 알아야 할 세금문제를 알아보자.

1. 기본 사례

서울 영등포구에서 음식점업을 하고 있는 L씨는 임차하고 있는 건물에 대해 경매가 진행되어 본인이 이 건물을 낙찰받았다.

Q¹. 경매 시 발생하는 세금에는 어떤 것들이 있는가?

경매 시 발생하는 세금을 낙찰자와 건물주의 관점에서 정리하면 다음과 같다.

구분	낙찰자	건물주
취득세	낙찰가액의 4.6%	–
부가가치세	–	–
양도소득세	–	양도차익에 대해 부담

Q². L씨가 낙찰을 받은 경우 세금계산서를 수취할 수 있는가?

일단 부가가치세를 환급받기 위해서는 부가가치세가 발생해야 하고 세금계산서가 발급되어야 한다. 하지만 세법은 경매에 대해서는 부가가치세 과세에서 제외하고 있으므로 부가가치세가 발생하지 않는다.

Q³. 향후 낙찰받은 상가를 양도하면 부가가치세가 발생하는가?

그렇다. L씨가 사업자의 지위를 유지한 상태에서 상가를 양도하면 부가가치세법상 재화를 공급하는 것에 해당되어 건물가액의 10%를 거래상대방으로부터 징수해 이를 납부해야 한다.[1]

---

1) 포괄양수도계약에 의해 공급되면 부가가치세를 생략할 수 있다. 중요한 개념에 해당한다.

2. 상가 경매 시 부가가치세 관련 규정

경매로 취득한 상가에 대해서는 일반적으로 부가가치세가 발생하지 않는데 왜 그런지 이에 대한 관련 규정을 살펴보자.

※ 부가가치세법 시행령 제18조[재화공급의 범위]

① 법 제9조 제1항에 따른 재화의 공급은 다음 각 호의 것으로 한다.

　1~3호 (생략)

　4. 경매, 수용, 현물출자와 그 밖의 계약상 또는 법률상의 원인에 따라 재화를 인도하거나 양도하는 것

③ 제1항 제4호에도 불구하고 다음 각 호의 어느 하나에 해당하는 것은 재화의 공급으로 보지 않는다.

　1. '국세징수법' 제66조에 따른 공매(같은 법 제67조에 따른 수의계약에 따라 매각하는 것을 포함한다)에 따라 재화를 인도하거나 양도하는 것

　2. '민사집행법'에 따른 경매(같은 법에 따른 강제경매, 담보권 실행을 위한 경매와 '민법'·'상법' 등 그 밖의 법률에 따른 경매를 포함한다)에 따라 재화를 인도하거나 양도하는 것

☞ 경매를 통해 재화를 공급하더라도 이를 과세에서 제외하는 것은 경매 과정에서 발생하는 부가가치세를 징수하는 것이 현실적으로 어렵기 때문이다.

3. 실전 사례

K씨는 최근 상가 경매에 참여해 경락을 받았다.

〈자료〉
· 낙찰가격 : 5억 원(당초 부가가치세 없었음)
· 임차인 명도소송비용 : 1천만 원
· 임차인 이사비용 : 1천만 원
· 취득세 등 : 2천만 원
· 양도예상가액 : 7억 원
· 기타 사항은 무시함.

Q[1]. 취득 시 매입세액공제를 받지 않았음에도 불구하고 상가를 양도하면 건물분에 대한 부가가치세를 납부해야 하는가?

사업자가 과세사업에 사용하던 재화를 제3자에게 양도하는 경우 이는 재화의 공급에 해당한다. 따라서 전체 양도가액 중 건물 공급가액에 대해 10%만큼 부가가치세가 발생한다. 이는 취득시점 후 10년 전이나 후나 모두 동일하게 취득 당시 매입세액공제 여부에 상관없이 부가가치세가 과세됨에 유의해야 한다.

Q[2]. 취득 시 매입세액공제를 받은 것이 없더라도 상가 양도 없이 임대업만 폐지 시 건물분에 대한 부가가치세를 내야 하는가?

당초 매입세액공제를 받지 않았기 때문에 폐업할 때 남아 있는 잔존가치에 대해서는 부가가치세 추징을 하지 않는다. 참고로 당초에 매입세액공제를 받은 상태에서 10년 내에 사업을 폐지하면 폐

업일 당시에 남아 있는 잔존재화에 대해 부가가치세를 추징한다.[2]

Q3. K씨가 앞의 상가를 양도하는 경우 양도소득세는 얼마나 되는가? 단, 보유기간은 3년이 안 된다.

앞의 자료에 따라 양도소득세를 계산하면 다음과 같다.

구분	금액	비고
양도가액	7억 원	
– 취득가액	5억 원	
– 기타필요경비	3천만 원	이사비용은 제외
= 양도차익	1억 7천만 원	
– 장기보유특별공제	0원	
– 기본공제	250만 원	
= 과세표준	1억 6,750만 원	
× 세율	38%	
– 누진공제	1,940만 원	
= 산출세액	4,425만 원	

Tip 수익형 부동산[3]에 대한 세제 요약

· 취득 시에는 일반적인 취득세율인 4%(농어촌특별세 등 포함 시 4.6%)가 부과된 나(단, 중과세율은 13.4%).
· 취득 시에는 건물공급가액의 10%만큼 부가가치세가 과세되는 것이 일반적이다.
· 임대 시에는 임대소득에 대한 종합과세가 적용되는 것이 원칙이다.
· 처분 시에는 부가가치세와 양도소득세의 과세문제가 있다.

---

2) 실무에서는 대부분 상가를 양도하고 폐업하기 때문에 이러한 상황은 잘 발생하지 않는다.
3) 수익형 부동산은 주로 부가가치세과 부과되는 상가나 빌딩, 오피스텔 등을 말한다.

03 상가의 중개와 세금

상가를 중개할 때는 매도인과 매수인의 관점에서 다양한 세금문제를 이해하고 있어야 한다. 세금이 매매의사결정에 막대한 영향을 미치기 때문이다. 특히 부가가치세 처리를 어떻게 하느냐에 따라 중개에서 실패하기도 한다. 이하에서 이에 대해 살펴보자.

1. 기본 사례

공인중개사인 K씨는 이번에 상가에 대한 매매계약을 체결하려고 한다. 매매예상가액은 5억 원이다.

Q[1]. 매매계약서상에 '부가가치세 별도'라고 표기되었다면 부가가치세는 어떻게 계산하는가?

총공급가액에 대해 '감정평가비율 → 기준시가비율 등'의 순으로 건물분 및 토지분의 공급가액을 안분계산한다.

Q². 만일 매매계약서상에 부가가치세가 언급되지 않았다면 부가가치세는 어떻게 계산하는가?

이 경우에는 총공급가액 안에 부가가치세가 포함되어 있다고 본다. 다음 집행기준을 참조하자.

> **※ 세액이 별도 표시되지 아니한 대가의 공급가액**(부가가치세법 집행기준 29-0-4)
> 사업자가 재화 또는 용역을 공급하고 그 대가로 받은 금액에 공급가액과 세액이 별도 표시되어 있지 아니한 경우와 부가가치세가 포함되어 있는지가 분명하지 아니한 경우에는 그 대가로 받은 금액에 110분의 100을 곱한 금액을 공급가액으로 한다.

Q³. 부가가치세를 발생시키지 않고 중개할 수 있는 방법은?

이 경우에는 포괄양수도계약을 맺으면 된다. 포괄양수도계약은 사업장별로 사업용 자산을 비롯한 물적·인적시설 및 권리와 의무를 포괄적으로 승계시키는 것을 말한다(미수금, 미지급금, 사업과 관련 없는 토지·건물 등 제외). 따라서 이러한 계약이 성립되면 부가가치세를 생략한 상태로 매매계약을 체결할 수 있다.[4]

---

4) 상가 취득과 양도 시에 포괄양수도계약은 실무상 중요하다.

2. 상가거래나 중개 시 실수하기 쉬운 것들

상가를 거래하거나 중개할 때 부가가치세와 관련해 가장 실수가 많이 발생할 수 있는 유형들을 정리해보면 다음과 같다. 물론 이에 대한 내용들은 본문을 통해 충분히 알아볼 것이다.

1) 양도자의 관점

계약 시 양도가액에 부가가치세가 포함되는지의 여부를 알지 못한다.

→ 일반과세자는 건물가액의 10% 상당액인 부가가치세를 매수자로부터 징수해 이를 국가에 납부해야 한다. 이때 부가가치세는 당초 매입세액을 공제받지 않았더라도 징수해야 한다. 이는 재화의 공급에 해당하기 때문이다.

포괄양수도계약을 하면 부가가치세 없이 처리할 수 있음을 간과한다.

→ 현행세법은 재화를 공급하면 부가가치세를 과세하는 것이 원칙이나, 재화를 포함해 사업 자체를 그대로 양도하면 이를 재화의 공급에서 제외하고 있다. 따라서 이러한 계약을 하면 부가가치세를 개입시키지 않아도 된다.

포괄양수도계약이 아님에도 포괄양수도로 처리하는 경우도 있다.

→ 실무에서 보면 포괄양수도계약이 아님에도 불구하고 부가가치세 없이 처리해 낭패를 보는 경우들이 많다. 예를 들어 상가 중 건물만 매매하거나 증여하는 경우 등이 이에 해당한다.

부가가치세를 최소화하기 위해 건물공급가액을 임의로 구분한다.

→ 공급가액을 임의로 구분하면 부가가치세의 크기에도 영향을 주고 감가상각비에도 영향을 준다. 세법은 계약서상의 구분기재된 금액을 인정하나, 해당 금액이 기준시가의 비율로 안분했을 때와 비교해 30% 이상 차이가 벌어지면 기준시가 비율로 안분하도록 하고 있다는 점에 유의해야 한다.[5]

상가 분양권을 양도할 때 부가가치세 처리를 잘못 이해하는 경우가 많다.

→ 상가 분양권을 양도하면 건물공급가액의 10%가 부가가치세로 발생한다. 따라서 이 금액을 매수자로부터 받아서 납부하던지, 포괄양수도계약을 맺어 부가가치세 없이 처리해야 한다.

2) 매수자의 관점

사업자등록의 시기를 놓치는 경우가 있다.

매매계약을 하면 사업자등록을 제때에 신청해야 부가가치세 환급을 받을 수 있다. 현재는 공급시기가 속하는 과세기간(1. 1~6. 30, 7. 1~12. 31) 종료일로부터 20일 내에 신청하면 된다. 예를 들어 매매 시 잔금지급일이 3월 25일이라고 가정하면, 7월 20일까지 일반과세자로 사업자등록을 하면 환급이 가능하다.

포괄양수도계약을 할 때 매도인이 일반과세자이고 매수인이 간이과세자이면 매수인은 자동으로 일반과세자로 전환되므로 이에 유의해야 한다.

---

5) 참고로 2022년 이후부터 건물이 있는 토지를 취득하여 건물을 철거하고 토지만 사용하는 경우 사업자가 구분한 실지거래가액을 인정한다(부가가치세법 제29조 제9항).

3) 공인중개사의 관점

부가가치세 환급이 불가능함에도 이를 가능한 것으로 언급한 경우가 있다.

→ 비영리법인, 면세사업자 등이 상가를 취득하면 이들은 부가가치세 환급을 받지 못한다. 한편 부가가치세 과세사업자 중 간이과세자도 환급을 받을 수 없다.

부가가치세 납부의무가 없음에도 불구하고 특약에 'VAT 별도'라고 표시한다.

→ 물론 이렇게 해두더라도 세무상 문제는 없다.

포괄양수도계약이 가능한데도 불구하고 일반계약을 체결한 경우가 종종 있다.

→ 사업포괄양수도가 아닌 경우 부가가치세가 발생하므로 특약사항에 'VAT 별도'라고 반드시 기재하도록 한다(부가가치세는 매매대금과 별도로 매수인이 부담한다).

포괄양수도계약이 아님에도 불구하고 포괄양수도계약을 맺는 경우도 있다.

→ 상가의 일부만 매매하는 경우 등이 이에 해당한다.

3. 실전 사례

1. K씨는 공인중개사다. 이번에 매매계약을 다음과 같이 체결했다. 어떤 문제가 있는가?

<자료>
- 매매계약 : 3억 원
- 부가가치세에 대해서는 특별한 언급 없음.
- 매도인은 사업자등록을 하지 않았음. 매수인은 임대사업자등록을 할 예정임.

앞의 질문에 대한 답을 순차적으로 찾아보자.

STEP 1 부가가치세 발생 여부

원래 상가 매매계약을 체결하는 과정에서 부가가치세가 과세되기 위해서는 매도인이 '사업자'에 해당되어야 한다. 이때 사업자는 일반과세자 또는 간이과세자여야 한다.

STEP 2 무등록사업자의 부가가치세 처리법

앞의 매도인은 사업자등록을 하지 않았다. 이럴 때는 부가가치세가 발생하지 않을까? 결론을 말하면 그렇지 않다. 무등록사업자라도 본질은 사업자에 해당하기 때문이다. 결국 미등록기간에 부가가치세가 과세되는 거래를 한 경우에는 사업자등록 여부에 관계없이 실질적인 부가가치세법상 사업자에 해당한다.

STEP 3 중개 시 주의할 사항

앞의 매도인이 일반과세자로 판명될 경우에는 양도한 건물에 대해서는 부가가치세 및 가산세가 추징된다. 한편 매수인은 일반과세자로 등록하더라도 세금계산서를 받지 못한 상태가 되므로 환급을 받지 못하게 된다. 따라서 중개 시에 향후 발생되는 부가가치세

문제는 전적으로 상가 매도인이 책임을 진다는 식의 문구를 계약서에 포함하는 것이 좋다.

2. 서울 강남구에서 중개업을 하고 있는 Y씨는 다음과 같이 매매계약을 체결하려고 하고 있다. Y씨는 이 거래에 대해 양도소득세가 대략 2억 5천만 원 정도만 나올 것이라고 이야기했다. 과연 그럴까?

〈자료〉
· 매매가액 : 임대 중의 상가 20억 원(매도인의 취득가액 : 10억 원)
· 토지 기준시가 : 9억 원, 건물 기준시가 : 6억 원
· 특약 : 모든 세금은 매도인이 부담

순차적으로 이 문제에 대해 접근을 해보자.

STEP 1 앞의 사례의 쟁점
앞과 같이 매도인이 세금을 모두 부담하는 식으로 계약하는 경우 부가가치세 등이 발생하는지의 여부가 쟁점이 된다.

STEP 2 부가가치세의 계산
세법은 'VAT 별도'로 계약이 된 경우에는 앞의 거래금액에 별도로 부가가치세가 있는 것으로 본다. 하지만 부가가치세를 매도인이 부담하기로 되어 있는 경우에는 앞의 거래금액에 부가가치세가 포함된 것으로 본다. 따라서 사례의 경우 양도가액에 부가가치세가 포함되는 것으로 보아 다음과 같이 부가가치세를 계산해야 한다.

· **건물공급가액 계산**

$$= \text{전체 공급가액 20억 원} \times \frac{\text{건물기준시가 6억 원}}{\text{토지 기준시가 9억 원 + 건물 기준시가 6억 원 + 건물 기준시가 6억 원} \times 10\%}$$

$$= \text{20억 원} \times \frac{\text{6억 원}}{\text{15억 6천만 원}} = \text{7억 6,923만 769원}$$

· **부가가치세 계산**

부가가치세는 건물공급가액의 10%이므로 7,692만 3,076원이 된다.

☞ 20억 원에서 앞의 건물공급가액과 부가가치세를 차감하면 토지공급가액을 계산할 수 있다. 결국 총거래금액 20억 원은 다음과 같이 분해된다.

구분	금액	비고
건물공급가액	7억 6,923만 769원	
건물 부가가치세	7,692만 3,076원	
토지공급가액	11억 5,384만 6,155원	
계	20억 원	

STEP 3 중개 시 교훈

상가를 중개할 때는 부가가치세의 발생 여부, 계약에 따른 부담 주체, 특약 등을 어떻게 정해야 하는지에 대해서도 명확히 알아야 앞과 같은 위험을 피할 수 있다.

04 상가의 상속·증여와 세금

앞에서 살펴본 내용들은 주로 시장을 통해 상가를 거래할 때 발생하는 세금들과 관련이 있다. 하지만 상가를 시상이 아닌 가족 간에 무상으로 이전하는 방식인 상속과 증여도 상당한 관심사가 되므로 이 부분도 같이 살펴볼 필요가 있다. 구체적인 것들은 제6장에서 살펴보고 다음에서는 기본적인 내용들만 살펴보자.

1. 기본 사례

K씨는 다음과 같은 빌딩을 보유하고 있다.

〈자료〉
· 상가에 대한 세법상의 가격 : 10억 원
· 상가에 대한 기준시가 : 토지 5억 원, 건물 3억 원

Q¹. 앞의 상가를 상속하면 발생하는 세금은?

이 경우 상속세와 취득세가 동시에 발생한다. 상속세는 상속재산 가액에서 사전에 증여한 재산가액을 합산한 후 채무 등을 공제한 과세가액에서 상속공제를 적용한 과세표준에 10~50% 세율을 곱해 과세한다. 여기서 상속공제는 다음과 같다.

· 사망한 자의 배우자가 살아 있는 경우 → 10억 원 이상 공제
· 사망한 자의 배우자가 없는 경우 → 5억 원 이상 공제

한편 상속으로 인한 취득세는 시가표준액의 2.8%이다.

Q². 이 상가를 증여하면 발생하는 세금은?

이 경우 증여세와 취득세가 동시에 발생한다. 증여세는 증여재산 가액에서 증여재산공제를 적용한 과세표준에 10~50% 세율을 곱해 과세한다. 여기서 증여재산공제는 다음과 같다.

· 배우자로부터 증여받는 경우 → 10년간 6억 원
· 성년자가 직계존속으로부터 증여받는 경우 → 10년간 5천만 원(미성년자는 2천만 원) 공제

한편 증여로 인한 취득세는 시가표준액의 3.5%다.[6]

---

6) 일정한 주택을 증여받으면 취득세가 최대 12%까지 나올 수 있다.

Q³. 이 상가를 상속이나 증여하면 부가가치세가 부과되는가?

원래 빌딩을 증여하면 양도가 아니기 때문에 부가가치세 과세 여지가 없다. 하지만 세법은 과세재화를 사업상 증여하면 이를 재화의 공급으로 보아 부가가치세를 과세하는 입장을 취하고 있다. 다만, 사업의 증여가 포괄적으로 이루어지면 재화의 공급에서 제외해 부가가치세를 과세하지 않는다.

2. 상가 상속·증여와 세금

상가 등 수익형 부동산을 상속이나 증여하면서 발생하는 세금에 대해 정리하면 다음과 같다.

1) 상속
· 상속세가 발생한다.
· 취득세가 발생한다.

참고로 현행 상속이나 증여에 따른 취득세는 통상 시가표준액(기준시가)을 기준으로 과세되고 있다. 하지만 2023년부터 이 중 증여에 대한 취득세 과세표준이 국세인 증여세의 재산평가액에 맞춰 과세되는 것으로 개정되었다(단, 상속세는 현행과 동일).

2) 일반증여
채무의 인수 없이 증여를 받는 경우에는 다음과 같은 세금이 나온다.

· 증여세가 발생한다.

· 취득세가 발생한다.

3) 부담부 증여

부담부 증여는 부채를 포함해 증여하는 방법으로 증여자가 이전하는 부채는 양도에 해당되어 증여자에게 양도소득세가, 이를 제외한 부분에 대해서는 수증자에게 증여세가 부과된다.

① 증여자

· 양도소득세가 부과된다.

② 수증자

· 증여세가 부과된다.

· 취득세가 부과된다. 이때 취득세는 양도는 유상취득세율, 증여는 무상취득세율이 부과된다.

3. 실전 사례

K씨의 재산 현황은 다음과 같다.

〈자료〉
· 3년 전에 5억 원 상당액의 상가를 배우자에게 증여함.
· 이 상가는 K씨가 10년 전 1억 원에 구입한 것임.

Q1. K씨가 향후 7년 내에 사망한 경우 앞의 사전증여재산가액은 상속 재산가액에 합산되는가?

그렇다. 사전증여 후 10년(상속인 외는 5년) 내에 상속이 발생하면 상속재산가액에 사전증여재산가액을 합산해 상속세로 정산한다.

Q2. 만일 K씨의 배우자가 오늘 2억 원을 추가로 증여받으면 증여세 는 어떻게 계산되는가?

동일인으로부터 증여를 수회 받은 경우에는 역시 10년간 합산 해 증여세를 정산한다. 이러한 합산과세제도는 10~50%의 상속세 나 증여세 누진세율의 적용을 회피하는 것을 방지하기 위한 제도 에 해당한다. 사례의 경우에는 증여재산액이 7억 원이 되고, 여기 에서 배우자 간 증여재산공제 6억 원을 차감하면 과세표준이 1억 원이 되고, 이에 10%의 세율을 곱하면 1천만 원 정도의 증여세가 예상된다.

Q3. 만일 앞의 상가를 배우자가 증여받은 후 5년 이내에 양도하면 어 떤 제도가 적용될까?

이 경우에는 취득가액 이월과세가 적용된다. 이 제도는 양도소득 세가 과세되는 상황에서 증여로 받은 부동산 등을 5년 내에 양도 하면 취득가액을 증여 당시의 가액(사례는 5억 원)이 아닌 증여자가 구입한 가액을 이월시켜 과세하는 제도를 말한다(사례는 1억 원).

Tip 상가의 상속·증여 시 유의해야 할 점들

· 재산평가방법에 유의해야 한다. 기준시가로 이들 세금을 신고하면 과세관청에
  서 감정평가를 받아 이 금액으로 과세할 수 있기 때문이다.
· 상속세나 증여세 모두 10년 누적합산과세가 적용됨에 유의해야 한다. 이는 누
  진과세를 피하는 것을 방지하기 위한 제도에 해당한다.
· 상속이나 증여로 받은 부동산을 양도 시 양도소득세 과세방식에 유의해야 한다.
  상속이나 증여도 하나의 취득행위에 해당하나 특수관계인 간에 발생하므로 일
  반취득과 다른 제도를 적용하고 있다.

상가에 대한 세금 중 가장 까다로운 것이 바로 '부가가치세'다. 상가의 취득부터 임대, 그리고 양도 등의 단계까지 이 세금이 줄줄이 따라다니기 때문이다. 그리고 이 과정에서 파생하는 문제들 또한 복잡해서 실수가 잦은 경우가 많다. 이하에서는 상가 투자나 중개 시에 알아야 하는 부가가치세제도에 대해 자세히 알아보자.

1. 부가가치세 과세대상
1) 원칙
부가가치세법 제4조에서는 다음 각 호의 거래에 대해 부가가치세를 과세하도록 하고 있다.

> 1. 사업자*1가 행하는 재화*2 또는 용역*3의 공급
> 2. 재화의 수입
>
> *1 사업 목적이 영리이든 비영리이든 관계없이 사업상 독립적으로 재화 또는 용역을 공급하는 자를 말한다.
> *2 재산 가치가 있는 물건 및 권리를 말한다. 물건과 권리의 범위에 관하여 필요한 사항은 대통령령으로 정한다(대통령령 : 상품, 제품, 원료, 기계, 건물 등 모든 유체물(有體物)과 전기, 가스, 열 등 관리할 수 있는 자연력).
> *3 재화 외에 재산 가치가 있는 모든 역무(役務)와 그 밖의 행위를 말한다. 용역의 범위에 관하여 필요한 사항은 대통령령으로 정한다.

2) 재화공급의 특례
부가가치세법 제10조에서는 다음과 같은 경우에도 특별히 재화의 공급으로 보아 부가가치세를 부과하고 있다.

· 사업자가 자기의 과세사업과 관련하여 생산하거나 취득한 재화로서 매입세액공제를 받은 재화를 자기의 면세사업을 위하여 직접 사용하거나 소비하는 것은 재화의 공급으로 본다(제1항).

→ 업무용 오피스텔을 취득하면서 부가가치세를 환급받은 후 주거용으로 사용하면 면세재화에 해당되므로 이 경우 재화의 공급으로 보아 부가가치세를 추징한다.

· 사업자가 자기생산·취득재화를 자기의 고객이나 불특정 다수에게 증여하는 경우는 재화의 공급으로 본다(제5항).
→ 사업자가 건물 등을 증여하면 재화의 공급으로 보아 부가가치세를 과세하고 있다.

· 사업자가 폐업할 때 자기생산·취득재화 중 남아 있는 재화는 자기에게 공급하는 것으로 본다(제6항).
→ 폐업 시 잔존재화가 있으면 이를 자기에게 공급한 것으로 보아 부가가치세를 과세한다. 이는 비록 외부에 상가를 양도하는 것이 아니더라도 당초 환급받은 부가가치세를 환수하기 위해 이 제도를 두고 있다. 상가의 경우 감가상각기간(10년)을 고려해 이 기간 내에 사업을 폐지하면 이 제도를 적용하고 있다.

3) 재화의 공급에서 제외
· 사업을 양도하는 것으로서 대통령령*으로 정하는 것은 재화의 공급에서 제외한다. 다만, 제52조 제4항에 따라 그 사업을 양수받는 자가 대가를 지급하는 때에 그 대가를 받은 자로부터 부가가치세를 징수하여 납부한 경우는 제외한다(제9항 제2호).[7]

* 사업장별로 그 사업에 관한 모든 권리와 의무를 포괄적으로 승계시키는 것(양수자가 승계받은 사업 외에 새로운 사업의 종류를 추가하거나 사업의 종류를 변경한 경우를 포함한다)을 말한다.

→ 부동산의 경우에는 모두 재화에 해당하므로 원칙적으로 부가가치세 과세대상이 된다. 다만, 사업의 포괄양도에 해당하면 이는 재화의 공급으로 보지 않아 부가가치세가 과세되지 않는다. 따라서 부

---

7) 부가가치세 대리납부제도로 제5장 '심층분석' 편을 참조하기 바란다.

동산 임대업의 경우 부동산과 함께 사업 자체가 넘어가는 경우 부가가치세 없이 거래할 수 있다.

2. 기본 사례

다음과 같은 부동산을 공급한다고 하자.

〈자료〉
① 주택
② 토지
③ 상가
④ 오피스텔

Q¹. 앞의 ① 주택의 전용면적이 85㎡를 초과하면 부가가치세가 발생하는가?

원래 주택도 부가가치세법상 재화에 해당한다. 하지만 이에 대헤 부가가치세가 발생하기 위해서는 ① 공급자가 사업자에 해당되어야 하고, ② 공급한 주택의 전용면적이 $85m^2$를 초과해야 한다. 따라서 이 둘의 요건을 동시에 충족하지 않는 경우에는 부가가치세가 발생하지 않는다.

Q². 앞의 ② 토지를 사업자가 공급하면 부가가치세가 발생하는가?

토지도 재화에 해당하므로 부가가치세가 과세되는 것이 원칙이다. 하지만 토지의 공급은 임금처럼 부가가치 생산요소에 해당하기 때문에 면세처리를 하고 있다.

Q³. 앞의 ② 토지를 사업자가 임대하면 부가가치세가 발생하는가?

토지의 임대는 재화의 공급이 아니라 용역, 즉 서비스의 공급에 해당한다. 우리 세법은 토지 임대용역을 통해 발생한 임대료에 대해서는 부가가치가 발생하는 것으로 보아 과세하고 있다. 앞의 토지의 공급과 구별하기 바란다.

☞ 부동산 임대용역에 의해 발생한 임대대가는 용역의 공급에 의해 발생하므로 부가가치세 과세대상이다. 다만, 모든 부동산 중 주택의 임대용역에 대해서만 특별히 부가가치세 면세를 적용하고 있다.

Q⁴. 앞의 ③ 상가를 사업자가 공급하면 전체 공급가액에 대해 부가가치세가 발생하는가?

그렇지 않다. 상가건물의 경우 토지와 건물이 복합적으로 구성되어 있으므로 다음과 같이 과세판단을 해야 한다.

건물	➡	과세
토지	➡	면세

☞ 건물과 토지의 공급가액 구분
· 원칙적으로는 계약서에 건물과 토지를 구분해 기재하는 것을 인정한다. 다만, 구분기준이 합리적이지 않으면 이를 인정하지 않는다.
· 계약서상에 토지와 건물의 공급가액이 구분이 되어 있지 않으면 '감정평가비율 → 기준시가비율 등'으로 안분계산한다.

Q⁵. 앞의 ④ 오피스텔을 공급하면 전체 공급가액에 부가가치세가 발생하는가?

오피스텔도 토지와 건물이 복합적으로 구성되어 있으므로 건물은 부가가치세 과세, 토지는 면세로 구분된다. 따라서 앞에서 본 상가건물처럼 안분해 부가가치세를 계산한다. 다만, 기존 오피스텔을 주거용으로 공급하는 경우 전용면적이 $85m^2$ 이하에 해당하면 면세주택의 공급으로 보아 부가가치세가 면세된다(신규 분양은 무조건 과세).

Q⁶. 앞의 상가를 증여하더라도 부가가치세가 과세되는가?

이는 재화의 공급으로 보아 부가가치세가 과세된다. 다만, 사업 자체를 포괄적으로 증여하면 부가가치세 없이 증여할 수 있다.

3. 부동산 종류별/거래단계별로 본 부가가치세 과세 여부 요약

부동산 종류와 거래단계별로 부가가치세 과세 여부를 정리하면 다음과 같다. 여기서 부동산은 주로 수익형 부동산을 말한다. 주택의 경우 사업자가 분양 또는 매매하는 주택으로 전용면적이 $85m^2$를 초과하는 경우에 한해 부가가치세가 발생한다.

구분		취득	임대*	양도
주택	토지	×	×	×
	건물	○ (85㎡ 초과주택을 분양하는 경우)	×	×
상가	토지	×	○	×
	건물	○	○	○
사무용 오피스텔	토지	×	○	×
	건물	○	○	○
토지		×	○	×

* 주택임대에 대해서는 전용면적과 관계없이 부가가치세를 면제하고 있다. 한편 상가겸용주택은 상가와 주택으로 구분해 부가가치세 과세 여부 판단을 해야 한다.

4. 실전 사례

다음 자료를 보고 답을 하면?

〈자료〉
· 상가 취득 시기 : 2020년 1월 1일
· 상가 취득금액 : 5억 원(부가가치세 2천만 원 별도)
· 임대개시일 : 2020년 1월 1일

Q¹. 앞의 상가 소유자는 취득 시 부가가치세를 얼마나 환급받았을까?

자료를 보면 2천만 원이라고 되어 있다.

Q². 만일 이 상가를 6억 원에 양도하면 내야 할 부가가치세는 얼마나 되는가?

이 상가 중 건물은 부가가치세법상 재화를 공급하는 것에 해당한다. 따라서 이에 대해서는 10%의 부가가치세가 과세된다. 만일 총 6억 원 중 건물의 공급가액이 3억 원이라면 부가가치세는 3천만 원이 된다.

Q³. 매수자는 자금부담 때문에 부가가치세 없이 거래하고 싶어 한다. 어떻게 하면 되는가?

앞의 상가는 재화에 공급에 해당하므로 부가가치세가 발생한다. 하지만 부동산 임대업을 포괄적으로 양수도하면 부가가치세 없이 상가를 매매할 수 있다.

Q⁴. 앞의 상가 소유자는 2022년 1월 1일에 상가 양도 없이 임대업을 폐지했다. 이 경우 세법상 어떤 문제점이 있는가?

이 경우에는 당초 환급받은 부가가치세의 반환문제가 있다. 세법은 10년(20 과세기간) 정도의 감가상각기간 내에 해당 부동산을 통해 부가가치세가 발생(임대료에 대한)할 것을 기대하고 부가가치세 환급을 해주었는데, 사례의 경우 2년 정도만 사업을 하고 이를 폐지했기 때문에 미경과한 8년분에 대한 부가가치세를 추징하게 된다.

· 반환해야 할 부가가치세=2천만 원×8년/10년=1,600만 원

☞ 실무자들은 '재화의 공급'과 '폐업 시 잔존재화'에 대한 부가가치세제도를 구분해야 한다. 전자는 외부에 재화를 공급할 때 발생하며, 후자는 취득 후 10년 내에 사업을 폐지하거나, 면세사업용으로 전환하는 경우 사업자 자신에게 재화를 공급한 것으로 보아 부가가치세를 부과하는 제도를 말한다.

구분	10년 내	
	재화의 공급(상가 양도)	폐업 시 잔존재화의 공급
당초 환급 ○	재화의 공급 (건물공급가액×10%)	폐업 시 잔존재화 (잔존 건물공급가액×10%)
당초 환급 ×		부가가치세와 관계없음.

Tip 부동산과 부가가치세 면제대상 부가가치세법 집행기준 26-0-2

부가가치세법상 사업자가 공급하는 재화와 용역은 과세되는 것이 원칙이다. 하지만 다음과 같은 재화와 용역의 공급에 대해서는 부가가치세를 면제하고 있다. 참고로 다음 항목 중 밑줄 친 부분은 부동산과 관련된 것을 말한다.

구분	거래형태
기초생활필수품 및 용역	· 미가공식료품, 농·축·수·임산물, 수돗물 · 주택과 그 부수 토지의 임대용역 · 공동주택 어린이집 임대용역 등
국민후생	· 의료보건용역, 혈액 · 교육용역 등
문화	· 도서·신문·잡지·통신 및 방송 등(광고 제외)
부가가치생산요소	· 토지 · 금융·보험용역 등
조세정책공익목적	· 우표, 인지, 증지, 특수용 담배 등
조세특례제한법	· 국민주택 및 국민주택 건설용역·리모델링용역 · 관리주체, 경비업자 또는 청소업자가 공동주택에 공급하는 일반관리용역·경비용역 및 청소용역 등

앞의 부가가치세 면제대상 중 부동산과 관련된 내용은 좀 더 구체적으로 살펴보면 다음과 같다.

① 주택과 그 부수 토지의 임대용역의 공급

주택(부수 토지 포함)을 임대하는 경우에는 원칙적으로 용역의 공급에 해당하나, 전용면적의 크기와 관계없이 모든 주택의 임대용역에 대해서는 부가가치세 10%를 부과하지 않는다. 이는 국민의 기초생활필수용역에 해당하므로 특별히 부가가치세를 면제하고 있다.

② 토지의 공급

토지의 공급에 대해서는 부가가치세가 면제된다. 하지만 토지의 임대에 대해서는 부가가치세가 과세된다.

③ 국민주택의 공급

전용면적이 85㎡ 이하인 국민주택을 사업자가 공급하는 경우에는 부가가치세가 면제된다. 하지만 85㎡ 초과주택을 사업자가 공급하는 경우에는 부가가치세가 과세된다.

④ 국민주택 건설용역·리모델링용역의 공급

국민주택의 건설용역이나 리모델링용역을 공급하는 경우에는 부가가치세가 면제된다. 예를 들어 국민주택을 건설하는 회사에 공사용역을 제공하는 경우 부가가치세가 면제되므로 세금계산서 대신 계산서를 발급해야 한다. 하지만 국민주택을 초과하는 주택에 대한 건설용역의 경우에는 계산서가 아닌 세금계산서를 발급해야 한다.

제 **2** 장

부동산 임대업과
사업자등록절차

01 부가가치세법상의 사업자 의미

상가에 대한 다양한 세금을 이해하기 위해서는 우선 부가가치세법상의 사업자 개념부터 알아두는 것이 중요하다. 사업자의 종류에 따라 부가가치세 발생형태 및 징수의무 등이 달라지기 때문이다.

1. 기본 사례

K씨는 이번에 상가를 취득해서 사업자등록을 내려고 한다. 자료가 다음과 같다고 할 때 물음에 답하면?

〈자료〉
· 매수예상가액 : 2억 원
· 부가가치세 : 500만 원

Q¹. K씨가 간이과세자로 등록하면 부가가치세를 환급받을 수 있는가?

K씨가 간이과세자로 사업자등록을 하면 부가가치세를 환급받을 수 없다. 간이과세자는 매출액이 연간 4,800만 원[8]에 미달하는 사업자를 말하는데, 이들에 대해서는 부가가치세의 부담을 없애주는 대신 매입세액을 환급해주지 않기 때문이다.

Q². K씨가 일반사업자로 등록하면 부가가치세를 환급받을 수 있는가?

K씨가 일반과세자로 사업자등록을 하면 부가가치세를 환급받을 수 있다. 일반과세자는 연간 매출액이 4,800만 원 이상된 사업자들로서 매출액*의 10%를 부가가치세로 내지만, 이때 매입 시 부담한 매입세액은 매출세액에서 공제를 해준다.

* 매출액은 부가가치세액을 제외한 수입금액을 말한다. 이 책에서는 매출액을 수입금액과 혼용해 사용한다. 매출액은 회계상의 용어에 해당하며, 수입금액은 세법상의 용어에 해당한다.

Q³. K씨가 면세사업자로 등록하면 부가가치세를 환급받을 수 있는가?

K씨가 면세사업자로 사업자등록을 하면 부가가치세를 환급받을 수 없다. 면세사업은 거래상대방에게 재화 등을 공급 시 부가가치세 징수의무를 면제받기 때문에 매입세액을 전혀 환급하지 않는다.

Q⁴. 매수인이 비영리법인이지만 수익사업에 사용하기 위해 상가를 매수하면 부가가치세를 환급받을 수 있을까?

그렇다. 비영리법인이 임대 등 영리활동을 위해 상가를 구입한

---

8) 2021년 7월 1일부터 간이과세자 기준금액이 8천만 원으로 상향조정되었으나, 부동산 임대업은 종전과 같이 4,800만 원으로 변동이 없다. 참고하기 바란다.

경우 부가가치세를 환급해준다. 하지만 목적사업(종교사업 등)에 사용하기 위해 상가를 구입한 경우에는 이를 환급해주지 않는다.

2. 부가가치세법상 사업자의 종류와 의무

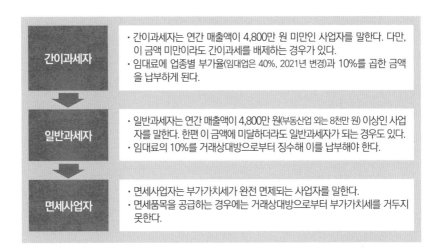

이러한 사업자 유형 구분은 부가가치세 납세의무를 규정하기 위한 것으로, 소득세법에서는 별도로 구분하지 않고 있다. 모두 소득세 납세의무가 있기 때문이다.

※ 사업자가 이행해야 하는 세무 플로우

사업자가 사업자등록(과세 또는 면세)을 한 뒤에는 다음과 같은 업무들이 발생한다. 자세한 내용들은 뒤에서 순차적으로 살펴볼 것이다.

구분	내용	업무주기
원천징수	직원 등을 고용한 경우	매월
4대 보험료	임직원에게 보수를 지급한 경우	매월
부가가치세	임대료 및 전세보증금을 받은 경우	반기(법인은 분기)
사업장현황신고	면세사업자가 사업을 하는 경우 (면세수입금액 및 사업장현황 신고)	다음 해 2월 10일
종합소득세 (법인은 법인세)	상가임대소득이 발생하는 경우	다음 해 5월(성실신고확인대상자는 5~6월)
양도소득세	상가를 양도하는 경우	예정신고(양도 말일~2월), 확정신고(다음 해 5월)

3. 실전 사례

K씨는 상가를 분양받으면서 일반과세자로 등록한 후 부가가치세를 1천만 원 환급받았다. 그런데 1년 후에 관할 세무서에서 간이과세자로 변경하겠다는 통지서를 보내왔다. 이에 대해 어떤 식으로 대처해야 할까?

이 문제는 사업연도 중에 사업자 유형이 변경되는 경우 이에 대한 문제점을 알고 있는지를 묻고 있다. 순차적으로 접근해보자.

STEP 1 사업자 유형이 변경되는 이유

세법은 일반과세자로 되어 있는 상황에서 연간매출액이 4,800만 원(기타 업종은 8천만 원) 미만으로 떨어지면 간이과세자로 과세유형을 변경할 수 있도록 규정하고 있다.

STEP 2 간이과세자로 변경 시 주의할 점

일반과세자에서 간이과세자로 바뀌면 일반과세자 지위에서 환급받은 부가가치세를 추징당할 수 있다. 사례의 경우 1천만 원을 환급받았는데, 이 중 일부가 추징될 수 있다는 것이다.

STEP 3 대책은?

이러한 상황에서는 간이과세를 포기하는 것이 좋다. 그래야 부가가치세를 추징당하지 않게 된다. 이에 대해서는 다음의 내용을 참조하자.

※ 간이과세포기제도

① 간이과세포기의 의의

간이과세자는 세금계산서를 발급할 수 없다. 따라서 간이과세자와 거래한 거래상대방은 매입 시 부가가치세를 징수당했음에도 불구하고 이를 공제받을 수 없는 문제점이 있어 가급적 간이과세자와의 거래를 회피하려고 한다. 또 간이과세자는 자신이 부담한 매입세액을 전액 공제받지 못하고 '매입세액×부가율'만큼만 매출세액을 한도로 공제받을 수 있다. 이에 현행 세법은 간이과세자가 일반과세자로 적용받아 거래할 수 있도록 간이과세포기를 인정하고 있다.

② 포기절차

'일반과세를 적용받고자 하는 달의 전달 마지막 날'까지 간이과세포기서를 관할 세무서장에게 제출하면 된다.

③ 간이과세 적용의 제한

간이과세를 포기하면 일반과세자가 적용되는 날로부터 3년이 속하는 과세기간까지는 간이과세를 적용받을 수 없다. 이렇게 포기하면 3년간은 일반과세자로 남아 있어야 한다는 뜻이다.

02 일반과세자의 납세의무

일반과세자는 연간 매출액(임대료)이 4,800만 원(부동산 임대업 외는 8천만 원) 이상인 사업자를 말한다. 이들은 부가가치세 과세대상 거래금액의 10%를 상대방으로부터 징수하고, 세금계산서 발급 등의 세법상 협력의무가 있다. 현행세법은 이러한 사업자들을 대상으로 다양한 규제제도를 두고 있는데 이하에서 이에 대해 살펴보자.

1. 기본 사례

K씨는 이번에 상가를 구입해 임대사업을 하려고 한다.

Q¹. **월 임대료가 200만 원 정도 나올 것으로 예상된다. 이 경우 사업자 유형은 어떻게 정해야 하는가?**

원칙적으로 사업 초기에 사업자 유형은 일반사업자와 간이과세자 중에서 선택할 수 있다. 다만, 사업 초기라도 간이과세의 적용을 배제하는 경우가 있으므로 이 부분을 확인해야 한다.[9]

Q². 상가 구입 시 부가가치세가 500만 원이 발생한다고 한다. 이 경우 환급받을 수 있는 방법은?

상가 구입 시 부가가치세가 발생한 경우, 이를 환급받기 위해서는 일반과세자로의 등록이 필요하다. 그리고 적법하게 환급신청을 해야 한다. 참고로 간이과세자는 부가가치세를 환급받을 수 없다.

Q³. 만일 앞의 상가 매도인이 비사업자에 해당하는 경우 부가가치세를 환급받을 수 있는 방법은 있는가?

비사업자는 사업자가 아니므로 상가 양도 시 부가가치세 징수의무를 지지 않는다. 따라서 부가가치세가 발생하지 않으므로 이를 환급받을 수 없다.

2. 일반과세자의 부가가치세 세무특징

일반과세자의 부가가치세 관련 세무특징을 정리하면 다음과 같다.

---

9) 임대업의 경우 매출액이 연간 4,800만 원에 미달하더라도 간이과세를 허용하지 않는 경우가 많다. 이에 대해서는 별도로 국세청장이 고시하므로 국세청 홈페이지 등을 통해 이에 대한 요건을 확인하는 것이 좋다.

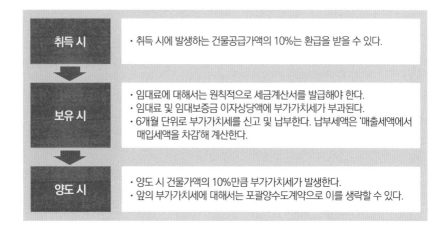

취득 시	· 취득 시에 발생하는 건물공급가액의 10%는 환급을 받을 수 있다.
보유 시	· 임대료에 대해서는 원칙적으로 세금계산서를 발급해야 한다. · 임대료 및 임대보증금 이자상당액에 부가가치세가 부과된다. · 6개월 단위로 부가가치세를 신고 및 납부한다. 납부세액은 '매출세액에서 매입세액을 차감'해 계산한다.
양도 시	· 양도 시 건물가액의 10%만큼 부가가치세가 발생한다. · 앞의 부가가치세에 대해서는 포괄양수도계약으로 이를 생략할 수 있다.

3. 실전 사례

K씨는 간이과세자로 아파트 상가를 낙찰받았다. 이 상가는 현재 보증금 4천만 원/월세 200만 원에 임대하고 있다. K씨는 이 상가를 일반과세자로 사업자등록을 하려는 L씨에게 양도하려고 한다.

Q[1]. 이러한 상황에서도 포괄양수도계약이 가능할까?

부가가치세가 없는 사업양도에 해당하려면 매도인이 일반과세자면 매수인도 반드시 일반과세자로 사업자등록을 해야 한다(부가가치세법 시행령 제109조 제2항 제8호). 하지만 매도인이 간이과세자면 매수인은 간이과세자 또는 일반과세자 중 하나를 선택해 사업자등록을 할 수 있다. 따라서 매도인 K씨는 간이과세자이므로 L씨가 일반과세자임에도 불구하고 둘 사이에는 포괄양수도계약이 성립한다.

Q². 포괄양수도계약이 가능하다면 매매계약서 특약란에 '이 계약은 포괄양수도계약임'이라는 문구만 넣어도 가능한가, 아니면 따로 포괄양수도계약서를 별도로 작성해 세무서에 제출해야 하는가?

양도일이 속하는 부가가치세 확정신고 시에 사업양도양수계약서를 첨부한 사업양도신고서를 매도인이 당해 사업장에 대한 부가가치세 확정신고 시 제출하는 것이 원칙이다. 여기서 사업양도계약서는 별도로 작성을 하지 않아도 되고, 매매계약서에 특약으로 처리해도 된다. 참고로 과세관청은 사업양도양수계약서를 별도로 작성하지 않았더라도 크게 문제를 삼지 않고 있다. 다음의 예규를 참조하자.

> ※ **관련 예규 : 법규부가2014-408(2014. 8. 25)**
> '부가가치세법' 제10조 제8항 제2호 및 같은 법 시행령 제23조의 규정에 따른 재화의 공급으로 보지 아니하는 사업양도는 사업자가 사업장별로 그 사업에 관한 모든 권리와 의무를 포괄적으로 승계시키는 것을 말하는 것으로, 이 경우 거래당사자 간 사업양도양수계약서를 작성하지 않았거나 폐업신고 시 폐업사유에 사업양도라고 표기하지 않았더라도 실질적으로 사업장별로 모든 권리와 의무를 포괄적으로 이전하는 경우에는 사업양도에 해당하는 것이며 매수인이 승계받은 사업 외에 새로운 사업의 종류를 추가하거나 사업의 종류를 변경한 경우에도 사업양도에 해당하는 것임.

Q³. 현재 임차인은 월세 200만 원에 대해 부가가치세를 별도로 내지 않음에 따라 세금계산서도 당연히 발급하지 않고 있다. 그렇다면 L씨가 이를 매수한 후에는 임차인에게 세금계산서를 의무적

으로 발급해야 하는가?

L씨는 일반과세자이므로 당연히 세금계산서를 발급해야 한다. 따라서 공급가액 200만 원에 부가가치세 20만 원으로 해서 세금계산서를 임차인에게 발급해야 한다.

☞ 만일 임차인이 간이과세자인 경우 세금계산서를 수취해도 매입세액을 전액 공제받지 못하므로 세금계산서를 수취하지 않으려고 할 것이다. 그 결과 임대차계약이 되지 않을 가능성이 높다.

Tip 사업자 유형변경과 재고납부세액, 재고매입세액

사업자 유형이 변경되는 경우 다음과 같은 세무상 쟁점들이 발생한다.

① 일반과세자에서 간이과세자로 변경된 경우

과세유형의 변경에 따라 일반과세자가 간이과세자로 변경되는 경우, 간이과세자는 다음의 금액을 납부세액에 가산해 납부해야 한다. 상가건물을 예로 들어보면 다음과 같다.

· 취득가액×(1-체감률*×경과된 과세기간 수)×$\frac{10}{100}$×(1-부가율)

* 건물의 경우 5/100를 말한다. 이는 폐업 시 잔존재화의 시가를 계산할 때와 같은 의미를 가지고 있다(부동산 임대업 부가율은 40%임). 참고로 2021년 7월 1일 이후에 공급받은 분부터는 위 식의 '(1-부가율)' 대신 '[1-0.5%×(110/10)]'을 사용한다. 자세한 것은 부가가치세법 시행령 제112조 제3항 제3호를 참조하기 바란다.

② 간이과세자에서 일반과세자로 변경된 경우

과세유형의 변경에 따라 간이과세자가 일반과세자로 변경되는 경우, 일반과세자는 다음의 금액을 매입세액으로 공제받을 수 있다. 상가건물을 예로 들어보면 다음과 같다.

· 취득가액×(1-체감률*×경과된 과세기간 수)×$\dfrac{10}{110}$×(1-부가율)

* 건물에 대한 재고매입세액의 체감률은 10/100을 말하며, 당초 간이과세자는 부가가치세를 환급받지 않았으므로 분모를 100이 아닌 110으로 한다. 참고로 2021년 7월 1일 이후에 공급받은 분부터는 위 식의 '(1-부가율)' 대신 '[1-0.5%×(110/10)]'을 사용한다. 자세한 것은 부가가치세법 시행령 제86조 제3항 제3호를 참조하기 바란다.

※ 과세유형 변경통지와 유형변경시점

① 일반과세에서 간이과세로 바뀌는 경우

통지에 관계없이 간이과세를 적용하나, 부동산 임대사업자의 경우는 통지를 받은 날이 속하는 과세기간까지는 일반과세를 적용한다.

② 간이과세에서 일반과세자로 바뀌는 경우

통지를 받은 날이 속하는 과세기간까지는 간이과세를 적용한다. 따라서 과세유형 변경통지가 과세유형 변경의 중요한 요건이 된다.

03 간이과세자의 납세의무

간이과세자는 연간 매출액(임대료)이 4,800만 원(부동산 임대업 등 외는 8천만 원)에 미달하는 사업자를 말한다. 이하에서 상가와 관련한 간이과세자의 납세협력의무에 대해 살펴보자.

1. 기본 사례

K씨는 상가를 경매로 낙찰받아 6월부터 보증금 1천만 원에 월 70만 원 임대료를 받고 있으며, 간이사업자등록을 해놓은 상태다.

Q1. 이 경우 부가가치세는 내야 하는가?

간이과세자의 경우 연간 매출액이 4,800만 원에 미달하면 부가가치세 납부면제를 받는다. 따라서 K씨는 부가가치세를 내지 않아도 된다.

Q². 부가가치세를 내지 않아도 된다면 부가가치세 신고는 하지 않아도 되는가?

부가가치세를 내지 않더라도 부가가치세 신고는 해야 한다. 납부의무가 면제되는 간이과세자는 기한 후 신고를 하더라도 부과되는 가산세는 없다.

Q³. 소득세도 내지 않아도 되는가?

부가가치세와 소득세는 전혀 별개의 세목에 해당한다. 따라서 부가가치세를 면제받더라도 소득세는 별도로 신고해야 한다. 무신고 시 무신고가산세 20%가 부과된다.

Q⁴. 향후 이 건물을 양도하면 부가가치세가 발생하는가?

간이과세자가 임대물건을 양도하는 경우, 원칙적으로 재화의 공급에 해당한다. 따라서 건물공급가액에 업종별 부가율 40%와 부가가치세율 10%를 순차적으로 곱한 만큼 부가가치세가 발생한다. 예를 들어, 건물가액이 1억 원이라면 예상되는 부가가치세는 다음과 같다.

· 부가가치세 = 1억 원 × 40% × 10% = 400만 원

2. 간이과세자의 부가가치세 세무특징

간이과세자의 부가가치세 관련 세무특징을 정리하면 다음과 같다.

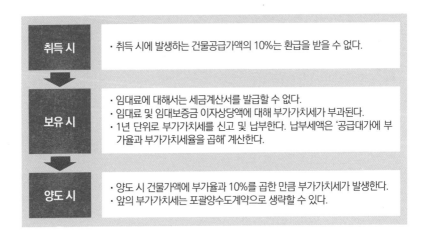

취득 시
· 취득 시에 발생하는 건물공급가액의 10%는 환급을 받을 수 없다.

보유 시
· 임대료에 대해서는 세금계산서를 발급할 수 없다.
· 임대료 및 임대보증금 이자상당액에 대해 부가가치세가 부과된다.
· 1년 단위로 부가가치세를 신고 및 납부한다. 납부세액은 '공급대가에 부가율과 부가가치세율을 곱해' 계산한다.

양도 시
· 양도 시 건물가액에 부가율과 10%를 곱한 만큼 부가가치세가 발생한다.
· 앞의 부가가치세는 포괄양수도계약으로 생략할 수 있다.

※ 간이과세자의 부가가치세 신고 및 납부 요약

· 간이과세자는 매입세액이 매출세액을 초과하더라도 그 초과액은 환급되지 않는다.
· 간이과세자는 연간 공급대가(부가가치세가 포함된 금액을 말함)가 4,800만 원에 미달하는 경우에는 부가가치세 신고만 하고 납부는 하지 않아도 된다(부가가치세법 제69조).
· 간이과세자는 1년간의 실적을 다음 년도 1월 25일까지 신고 및 납부한다.

3. 실전 사례

H씨는 2020년도에 상가 구입 시 일반과세자로 등록해 부가가치세 환급을 받았다. 그 이후부터 일반과세자로 유지 중에 있다.

〈자료〉
· 현재 부가가치세를 포함해 월 200만 원 수령

Q¹. 간이과세자로 과세유형 변경이 가능할까? 가능하다면 그 시기와 방법은?

일단 간이과세자로의 전환은 사업자가 임의로 할 수 있는 것이 아니다. 간이과세배제대상(연간공급대가 4,800만 원 이상, 임대사업장 공시지가 및 면적기준 등)에 해당하지 않는다면, 관할 세무서장이 매년 6월과 12월에 과세유형전환통지를 한다. 따라서 원칙적으로 통지를 받아야 유형이 전환된다. 참고로 부동산 임대사업자의 경우는 통지를 받은 날이 속하는 과세기간까지는 일반과세를 적용한다.

Q². 상가 구입 시 환급받은 부가가치세는 간이과세자로 과세유형 변경 시 다시 반환해야 하는가?

실제 임대사업에 사용한 과세기간이 20과세기간(10년)[10]을 경과하기 전에 일반과세자에서 간이과세자로 전환하는 경우 건물취득

---

10) 부가가치세 1과세기간은 6개월(1. 1~6. 30, 7. 1~12. 31)을 말한다.

시 환급받은 부가가치세액 중 일부를 반환하여야 한다(부가가치세법 시행령 제112조 제7항). 이를 재고납부세액이라고 한다.

Q3. 만일 취득 당시 환급받은 부가가치세액이 2천만 원이고, 취득 시 5년이 경과했다면 간이과세자로의 변경에 따라 납부해야 할 부가가치세는?

간이과세자로 전환한 날이 속하는 과세기간에 대한 부가가치세 확정신고를 할 때 납부할 세액에 더해 납부해야 한다. 재고납부세액은 다음과 같이 계산한다.

재고납부세액

$$= 취득가액 \times (1-체감률 \times 경과된\ 과세기간\ 수) \times \frac{10}{100} \times (1-부가율)$$

$$= 2억\ 원 \times (1-5/100 \times 10) \times 10/100 \times (1-40\%)$$

$$= 600만\ 원$$

당초 환급받은 세액은 2천만 원이나 10년 중 5년이 경과했으므로 이 중 1천만 원이 잔여기간에 해당하는 부가가치세에 해당한다. 하지만 간이과세자의 경우 업종별 부가율(임대업은 40%)에 10%를 곱한 금액만큼은 간이과세자 지위에서 납부세액 한도 내에서 공제를 받을 수 있으므로 100% 중에서 60%에 해당하는 부가가치세를 추징하게 되는 셈이 된다. 초보자의 입장에서는 어려운 개념이 될 수 있으므로 건너뛰어도 문제없다.

04 면세사업자의 납세의무

면세사업자는 부가가치세가 면세되는 품목이나 용역을 제공하는 사업자를 말한다. 주로 국민들의 기초생활과 관련되거나 부가가치세를 면세하는 것이 실익이 있는 경우에 대해서는 제한적으로 면세를 적용하고 있다. 이하에서는 부가가치세가 면세되는 사업자들의 납세의무를 알아보자.

1. 기본 사례

L씨는 현재 병의원을 경영하고 있는 개업의사다. 그는 상가를 하나 분양받아 병의원 건물로 사용하려고 한다.

Q¹. L씨가 상가를 분양받은 경우 부가가치세를 환급받을 수 있는가?

L씨는 부가가치세 면세사업자에 해당하므로 재화 등의 구입 시 발생한 부가가치세는 환급이 되지 않는다.

Q². 부가가치세 환급이 되지 않는다면 이는 비용인가, 취득원가인가?

면세사업자가 환급받지 못한 부가가치세는 자산의 취득원가를 구성하게 된다. 따라서 향후 양도소득세 계산 시 양도차익을 줄이는 역할을 하게 된다. 예를 들어 건물공급가액이 1억 원이고 부가가치세가 1천만 원 상황에서 양도가액이 2억 원인 경우 세금지출액을 계산하면 다음과 같다. 단, 세율은 6~45%를 적용하고 나머지 사항은 무시한다.

구분		일반과세자	면세사업자
부가가치세 지출		–	1천만 원
양도소득세 지출	양도가액	2억 원	2억 원
	– 취득가액	1억 원	1억 1천만 원
	= 양도차익	1억 원	9천만 원
	× 세율	35%	35%
	– 누진공제	1,490만 원	1,490만 원
	= 산출세액	2,010만 원	1,660만 원
총지출		2,010만 원	2,660만 원

일반과세자는 취득 시 부가가치세를 환급받을 수 있으나, 면세사업자는 그렇지 못하다. 하지만 이때 환급받지 못한 부가가치세는 취득원가를 구성하므로 추후 양도소득세를 줄이는 역할을 하게 된다.

Q³. 만일 그의 배우자 명의로 취득하면 어떤 문제가 있는가?

배우자 명의로 취득하는 경우에는 세법상 큰 문제는 없다. 다만, 이러한 상황에서는 배우자가 임대자가 되어 L씨와 정상적인 임대차거래를 하는 것이 중요하다. 다음 내용을 참조하자.

· L씨 배우자 명의로 취득한다.
· L씨 배우자는 일반과세자로 사업자등록을 내어 부가가치세 환급을 받는다.
· L씨와 그의 배우자는 정상적인 임대차계약을 맺어 거래를 한다(이때 자금거래도 정확히 한다). 정상적인 거래는 주변의 시세와 차이가 나지 않도록 하는 것을 말한다.

2. 면세사업자의 세무상 쟁점들

면세사업자가 상가를 '취득 → 보유 → 양도'하는 과정에서 만나게 되는 세무상 쟁점을 정리하면 다음과 같다.

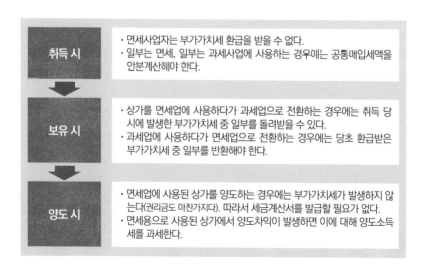

취득 시	· 면세사업자는 부가가치세 환급을 받을 수 없다. · 일부는 면세, 일부는 과세사업에 사용하는 경우에는 공통매입세액을 안분계산해야 한다.
보유 시	· 상가를 면세업에 사용하다가 과세업으로 전환하는 경우에는 취득 당시에 발생한 부가가치세 중 일부를 돌려받을 수 있다. · 과세업에 사용하다가 면세업으로 전환하는 경우에는 당초 환급받은 부가가치세 중 일부를 반환해야 한다.
양도 시	· 면세업에 사용된 상가를 양도하는 경우에는 부가가치세가 발생하지 않는다(권리금도 마찬가지다). 따라서 세금계산서를 발급할 필요가 없다. · 면세용으로 사용된 상가에서 양도차익이 발생하면 이에 대해 양도소득세를 과세한다.

3. 실전 사례

K씨는 본인이 구입한 상가에서 학원을 운영 중에 있다. 그는 이 상가건물에 대해 다음과 같이 감가상각비 1억 원을 비용으로 처리했다.

〈자료〉
· 토지가액 : 2억 원
· 건물가액 : 2억 원(감가상각비 1억 원)
· 양도예상가액 : 6억 원
· 권리금 : 2억 원
· 보유기간 : 10년 이상

Q1. 건물가액에 대해서는 부가가치세가 발생하는가?

면세사업자가 상가를 양도하는 경우에는 면세에 해당하므로 세금계산서가 발급되지 않는다.

Q2. 권리금의 소득종류는?

세법은 부동산과 함께 양도하는 영업권(권리금)은 양도소득으로 본다. 하지만 부동산과 관계없이 받는 권리금은 기타소득(필요경비 60% 인정)으로 본다. 사례의 경우는 상가와 함께 사업을 양도해 받은 권리금은 양도소득에 해당한다.

Q3. 이 경우 양도소득세 계산을 위한 양도차익은 얼마인가?

양도차익은 양도가액에서 취득가액을 차감해서 계산한다. 이때

양도가액은 권리금을 포함하므로 8억 원이 되며, 취득가액은 감가
상각비를 차감하므로 토지가액과 합해 3억 원이 되며, 최종 양도
차익은 5억 원(8억 원-3억 원)이 된다.

Tip 과세와 면세업을 동시하는 겸업사업자의 세무처리법

· 면세사업자가 과세사업을 겸영하는 경우에는 과세사업자로 등록을 한다. 이 경
우 과세사업자로 사업자등록번호가 새로이 부여된다.

· 공통매입세액은 공급가액 등으로 안분해 과세사업에 관련된 것만 부가가치세
를 환급받는다.

· 면세와 과세에 사용되는 상가를 공급하는 경우, 이를 구분해 세무처리를 해야
한다.

· 겸업사업 중 면세사업은 포괄양수도계약을 맺을 수 없다.

05 상가의 취득과 사업자등록

사업자등록은 사업자가 관할 세무서에서 사업을 하겠다고 신고하는 행위를 말한다. 사업자등록이 없는 상태에서 사업을 하면 여러 가지 제재가 있다. 이하에서는 사업자등록이 가지는 의미 등에 대해 알아보고자 한다.

1. 기본 사례

K씨는 사업자등록을 하려고 한다. 다음 사업자등록증을 보고 질문에 답하라.

사업자등록증

(일반과세자/간이과세자)

등록번호 :

① 상호 :

② 성명 :   ③ 생년월일 :

④ 개업연월일 :   년   월   일

⑤ 사업장소재지 :

⑥ 사업의 종류 : | 업태 | | 종목 |

⑦ 발급사유 :

⑧ 공동사업자 :

⑨ 주류 판매 신고번호 :

⑩ 사업자단위과세 적용사업자 여부 : 여( ) 부( )

⑪ 전자세금계산서 전자우편주소 : .

년   월   일

○○세무서장 | 직인 |

Q¹. 간이과세자로 등록할 수 있는가?

간이과세 적용배제를 하지 않는 이상 간이과세자로 등록할 수 있다.

Q². 임대개시 전에 사업자등록을 해도 되는가?

사업자는 사업장마다 사업개시일부터 20일 이내에 사업장 관할 세무서장에게 사업자등록을 신청하는 것이 원칙이다. 다만, 신규로 사업을 시작하는 경우 사업개시일 이전이라도 사업자등록을 신청할 수 있다(부가가치세법 제8조 제1항).

Q³. 공동소유 상가의 지분이 동일하게 되어 있는데 소득분배비율은 별도 신고해야 하는가?

공동사업자가 사업자등록을 할 때는 동업계약서상에 소득분배비율을 표시해 세무서에 제출해야 한다. 일반적으로 상가임대업의 경우 지분율과 소득분배비율이 같다. 만일 지분율과 소득분배비율이 다른 경우에는 세법상 문제(예 : 증여세)가 발생할 수 있다.

Q⁴. 미등록사업자에 대한 세법상의 불이익은?

사업자가 사업개시일로부터 20일 내에 사업자등록을 신청을 하지 않는 경우에는 미등록기간에 발생한 공급가액의 1%를 미등록가산세로 부과한다. 이 가산세가 적용되는 경우 매출세금계산서 관련 가산세는 적용되지 않는다.

2. 부가가치세법상 사업장의 의미

사업자등록과 관련해 사업장이 중요하다. 사업장은 무엇을 의미하고 부동산 임대업의 사업장은 무엇인지에 대해 알아보자.

1) 사업장의 개념과 사업자단위과세

부가가치세는 원칙적으로 사업장마다 신고·납부하여야 한다(부가가치세법 제6조 제1항). 따라서 '사업장'이 부가가치세의 납세지를 결정하는 기준이 된다. 따라서 사업장이 2 이상인 사업자는 사업장별 과세원칙에 따라 여러 개의 납세지를 가지는 것이 원칙이다. 그런데 세법은 2 이상의 사업장이 있는 사업자에 대해 예외적으로 '사업자단위*'로 하나의 납세지를 갖는 것을 허용하고 있다.

* 주된 사업장 1곳에서 사업자등록을 할 수 있는 제도를 '사업자단위과세'라고 한다.

2) 부동산 임대업의 사업장

부동산 임대업의 사업장은 원칙적으로 '그 부동산의 등기부상 소재지'가 된다. 여러 지역에서 임대업을 하면 사업장이 여러 개가 된다(부가가치세법시행령 제8조). 따라서 상가나 빌딩을 여러 군에서 보유하고 있으면 각 사업장별로 사업자등록을 내는 것이 원칙이다. 물론 요즘은 사업자단위과세제도를 활용하면 하나의 사업자등록으로 한꺼번에 사업장을 관리할 수 있다.

3. 실전 사례

K씨는 서울과 대전 등에서 상가를 각각 취득하려고 한다. 이 경우 사업자등록 장소는 어떻게 되는가?

원칙적으로 사업자가 부동산 임대업을 영위하는 경우에는 부동산의 등기부상 소재지를 사업장으로 해서 사업자등록을 해야 한다. 따라서 다수의 소재지에서 임대업을 영위하고자 한다면 부동산의 등기부상 소재지마다 사업자등록을 하는 것이 원칙이다. 또한 동일세무서 관할이더라도 소재지가 다른 경우 각각 사업자등록을 해야 한다. 결국 사례의 경우에는 서울과 대전 등에서 각각 사업자등록을 해야 한다.

다만, K씨처럼 사업장이 둘 이상인 사업자는 '사업자단위'로 해당 사업자의 본점 또는 주 사무소 관할 세무서장에게 등록을 신청할 수 있다. 통상 사업자단위로 등록하려면 이를 적용받으려는 과세기간 개시 20일 전까지 등록해야 한다.[11]

---

11) 참고로 법인이 상가나 빌딩을 취득해 임대할 경우에는 세법상 사업자등록의무가 있으며, 상법상 지점설치의무가 있는지는 별도로 확인해야 한다. 만약 해당 상가나 빌딩 등에 관리인원 등이 상주한 경우에는 지점설치등기를 해야 할 것으로 보인다.

Tip 사업자등록절차

신규로 사업을 개시하는 자는 사업장마다 사업개시일로부터 20일 이내에 다음 서류를 세무서장(관할 또는 그 밖의 모든 세무서장을 말함)에게 제출하여 사업자등록을 하여야 하고, 신규로 사업을 시작하려는 자는 사업개시일 전이라도 등록할 수 있다(부가가치세법 제8조 제1항 제2항 등).

※ 사업자등록신청 시 제출서류

1. 사업자등록신청서 1부
2. 임대차계약서 사본(사업장을 임차한 경우에 한함)
3. 허가증 사본(해당 사업자)
   - 허가 전에 등록하는 경우 허가 신청서 사본 또는 사업계획서
4. 동업계약서(공동사업자인 경우)
5. 재외국민, 외국인인 경우 입증서류
   - 여권 사본 또는 외국인등록증 사본
   - 국내에 통상적으로 주재하지 않는 경우 : 납세관리인 설정 신고서
6. 대리인 신청 시 : 위임장
   * 상가건물임대차보호법에 의한 확정일자를 받고자 하는 경우
      - 임대차계약서 원본
      - 임차한 사업장이 건물의 일부인 경우 해당 부분의 도면

06 사업자등록신청시기의 중요성

사업자등록신청시기는 사업의 시작을 의미하기도 하지만, 부가가치세 환급을 위해 매우 중요한 의미를 가지고 있다. 이하에서는 상가를 취득할 때 발생한 부가가치세 환급을 위해 필수적으로 알아야 할 사업자등록의 신청시기에 대해 살펴보자.

1. 기본 사례

서울에 거주하고 있는 K씨는 다음과 같이 상가를 취득하려고 한다.

구분	지급일	비고
계약금	20×6. 4. 1.	
중도금	20×6. 5. 1.	
잔금	20×6. 6. 1.	20×6년 6월 2일부터 임대개시

Q¹. 사업개시일은 언제라고 할 수 있는가?

사례의 경우 사업개시일은 부동산 임대용역의 개시일인 20×6년 6월 2일이 된다.

※ 사업개시일의 기준

앞에서 사업개시일이란 다음과 같다.

① 제조업 : 제조장별로 재화의 제조를 시작하는 날

② 광업 : 사업장별로 광물의 채취·채광을 시작하는 날

③ 기타 : 재화 또는 용역의 공급을 시작하는 날

Q². 사업개시일 전에 사업자등록을 신청할 수 있는가?

가능하다. 부가가치세법 제8조 제1항에서는 신규로 사업을 시작하려는 자는 사업개시일 이전이라도 사업자등록을 신청할 수 있도록 하고 있다.

Q³. 매입세금계산서상에 사업자등록번호가 아닌 매입자의 주민등록번호가 기재되어 있는 경우에도 부가가치세를 환급받을 수 있는가?

사업자가 사업자등록 전에 사업과 관련해 일반사업자로부터 주민등록번호로 세금계산서를 발급받거나 부가가치세액이 구분기재된 신용카드매출전표(현금영수증 포함)를 발급받고 과세기간 종료 후 20일 이내에 사업자등록을 신청한 경우에는 공급시기가 속한 과세기간의 부가가치세 신고 시 공제 또는 환급을 받을 수 있다.

☞ 주민등록번호가 기재되어도 환급을 해주는 이유

사업자등록증을 발급받기 전까지는 세금계산서의 필요적 기재사

항인 사업자등록번호 등을 알 수가 없다. 따라서 상황이 부득이하므로 해당 사업자 또는 대표자의 주민등록번호를 기재해 세금계산서를 발급받은 경우에는 매입세액을 공제받을 수 있도록 하고 있다.

2. 사업자등록 시기

상가 매수인의 임대업 영위를 위한 사업자등록 시기는 다음과 같다.

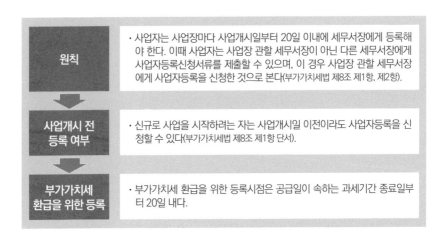

원칙	• 사업자는 사업장마다 사업개시일부터 20일 이내에 세무서장에게 등록해야 한다. 이때 사업자는 사업장 관할 세무서장이 아닌 다른 세무서장에게 사업자등록신청서류를 제출할 수 있으며, 이 경우 사업장 관할 세무서장에게 사업자등록을 신청한 것으로 본다(부가가치세법 제8조 제1항, 제2항).
사업개시 전 등록 여부	• 신규로 사업을 시작하려는 자는 사업개시일 이전이라도 사업자등록을 신청할 수 있다(부가가치세법 제8조 제1항 단서).
부가가치세 환급을 위한 등록	• 부가가치세 환급을 위한 등록시점은 공급일이 속하는 과세기간 종료일부터 20일 내다.

3. 실전 사례

K씨는 상가를 취득해서 임대사업자등록을 내려고 한다. 사업자등록을 20×6년 7월 20일까지 하는 경우 상가 취득 관련 부가가치세를 환급받을 수 있는가?

<자료>
· 상가 취득
  – 계약금 지급일 : 20×6년 1월 2일
  – 중도금 지급일 : 20×6년 2월 2일
  – 잔   금 지급일 : 20×6년 3월 2일
· 상가임대 시작일 : 20×6년 3월 3일

상가 취득과 관련된 매입세액을 공제받기 위해서는 사업자등록 신청시기에 유의해야 한다. 세법은 과세기간*이 종료한 달의 말일로부터 20일 내에 사업자등록을 신청하면 이를 공제하기 때문이다. 사례의 경우 20×6년 7월 20일 내에 사업자등록을 신청하면 20×6년 1월 이후 발생한 모든 부가가치세를 공제해준다.

* 신규 사업자는 '사업개시일~그날이 속하는 과세기간 종료일'을 말하나, 사업개시일 이전에 사업자등록을 신청한 경우에는 '신청일~해당 과세기간의 종료일'을 말한다.

Q. 만일 사업자등록신청을 20×7년 1월 20일까지 하는 경우에는 20×6년 1과세기간에 발생한 부가가치세는 매입세액공제가 가능한가?

그렇지 않다. 이 경우에는 기간의 경과로 인해 부가가치세 공제가 되지 않는다.

※ **관련규정 : 부가가치세법 제39조【공제하지 아니하는 매입세액】**
① 다음 각 호의 매입세액은 매출세액에서 공제하지 아니한다.
8. 제8조에 따른 사업자등록을 신청하기 전의 매입세액. 다만, 공급시기가 속하는 과세기간이 끝난 후 20일 이내에 등록을 신청한 경우 등록신청일부터 공급시기가 속하는 과세기간 기산일까지 역산한 기간 내의 것은 제외한다.

세법에서 정하고 있는 다양한 유형별로 사업자등록을 하는 방법을 알 아보자(부가가치세법 집행기준 8-11-1).

① 신규 사업자의 사업자등록

신규 사업자는 사업개시일로부터 20일 이내에 사업장 관할 세무서장 에게 사업자등록을 하여야 한다. 다만, 신규로 사업을 개시하려는 자 는 사업개시일 전이라도 등록할 수 있다.

② 미등기 지점의 사업자등록

과세사업을 영위하는 법인이 지점 또는 직매장에 대한 사업자등록신 청을 하는 경우에는 해당 지점의 등기 여부와는 관계없이 사업자등록 신청서에 해당 법인의 법인등기부등본 등을 첨부하여 등록할 수 있다.

③ 겸업 사업자의 사업자등록

부가가치세의 과세사업과 면세사업을 겸업하는 사업자는 '부가가치세법' 에 따른 사업자등록증을 발급받아야 한다. 이 경우 해당 사업자는 '소득세 법' 또는 '법인세법'에 따른 사업자등록을 별도로 하지 아니한다.

④ 허가사업의 사업자등록[12]

법령에 의해 허가를 얻어야 하는 사업을 영위하는 자가 사업허가증 사본을 첨부하지 아니하고 사업자등록신청서를 제출한 경우, 해당 사 업장에서 사실상 사업을 영위하는 때는 실지 사업내용대로 사업자등 록증을 발급할 수 있다. 이 경우 무허가 사업내용을 해당 기관에 문 서로 통보한다.

---

12) 사업의 인허가 여부에 대한 자세한 내용 및 절차는 중소기업청에서 운영하고 있 는 기업지원플러스 G4B 홈페이지(www.g4b.go.kr)에서 확인할 수 있다.

⑤ 공동사업자의 사업자등록

2인 이상의 사업자가 공동사업을 영위하는 경우 사업자등록신청은 공동사업자 중 1인을 대표자로 하여 신청한다.

⑥ 사업 개시 전 사업자등록

과세사업과 관련하여 건설 중인 공장 또는 사업장을 설치하지 아니한 자는 사업개시일 전에 사업자의 주소지를 사업장으로 하여 사업자등록을 할 수 있다.

⑦ 법인과 법인, 법인과 개인 간 공동사업 시 사업자등록

2 이상의 법인 또는 개인과 법인이 동업계약에 의하여 공동사업을 영위하는 경우, 영위하는 공동사업체의 인격에 따라 법인 또는 개인으로 사업자등록을 할 수 있다.

⑧ 건설업자의 미분양상가임대 시 사업자등록

건설업을 영위하는 사업자가 신축한 아파트 단지 내의 미분양상가를 임대하는 경우, 해당 상가를 사업장으로 하여 사업자등록을 하여야 한다.

⑨ 대표이사가 2인 이상 등기된 법인의 사업자등록

법인등기부상 2인 이상이 대표이사로 등재되어 있는 경우(각 대표이사가 독립하여 회사대표권이 있는지 여부와 관계없음)에는 사업자등록증의 성명란에 대표이사로 등기된 자 전원을 기재한다.

⑩ 건물주 동의 없는 전차인의 사업자등록

임차인이 임대인의 동의 없이 전차한 경우 임대차계약 해지사유에 해당하지만, 그 사유만으로 전차인에 대하여 사업자등록을 거부할 수 없다.

Tip 사업자등록 정정 방법

사업자등록 후 등록상에 정정사유가 발생한 경우에는 다음과 같이 조치를 취하도록 한다(부가가치세법 집행기준 8-14-1).

① 공동사업자공동사업자 중 일부 변경 및 탈퇴, 새로운 공동사업자 추가의 경우에는 사업자등록을 정정하여야 한다.

② 관리인에 의한 회사 경영법원의 기업회생절차개시명령을 받아 관리인 또는 관리인대리가 회사사업의 경영과 재산의 관리 및 처분을 할 경우에는 해당 관리인 또는 관리인대리를 회사의 대표자로 보아 사업자등록을 정정할 수 있다.

③ 업종 변경제조업을 영위하던 사업자가 제조업을 폐지하고 같은 장소에서 부동산 임대업을 영위하는 경우에는 업종이 변경되어 사업자등록을 정정하여야 한다.

④ 면세사업자의 과세사업 추가부가가치세 면세사업자로 등록한 사업자가 과세사업을 추가한 경우에는 사업자등록을 정정하여야 한다.

⑤ 상속으로 인한 사업자의 명의 변경 사업자의 사망으로 인하여 상속이 개시되는 때는 상속개시 후 실질적으로 사업을 영위하는 상속인의 명의로 사업자등록을 정정하여야 한다.

⑥ 2 이상의 사업장에 대한 사업자등록 정정

1. 2 이상의 사업장을 가진 사업자가 그중 한 사업장을 다른 사업장으로 이전·통합하는 경우 이전 후 통합한 사업장에서 사업자등록을 정정하여야 한다.

2. 2 이상의 독립된 부동산에 대하여 하나의 사업장으로 부동산 임대업 사업자등록을 하였으나 하나의 사업체로 이용되지 않고 각각의 부동산별로 임대하고 있어 부동산 등기부상 소재지별로 사업장을 분리하고자 하는 경우 기존의 사업자등록은 정정신고를 하고, 다른 부동산에 대하여는 신규로 사업자등록을 하여야 한다.

3. 법인사업자가 본점을 지점 소재지로 이전하여 통합하는 경우와 사업자 2인이 공동사업을 영위하기 위하여 기존 사업장을 통합하여 하나의 사업장으로 사용하는 경우에는 사업자등록을 정정하여야 한다.

⑦ 개인 단독사업자가 공동사업자로, 공동사업자가 개인 단독사업자로 변경되는 경우에는 사업자등록을 정정하여야 한다.

제 **3** 장

상가·빌딩 취득 시의
절세 가이드

01 상가의 취득과 취득세 개관

상가를 취득하면 다양한 세무상 쟁점들이 발생한다. 예를 들어 다음과 같은 것들이 주요 내용이 될 수 있다.

- 토지와 건물의 취득가액 구분
- 취득부대비용의 처리법
- 취득세(일반과세와 중과세의 적용)
- 부가가치세(포괄양수도, 환급절차)
- 자금출처조사[13] 등

이하에서는 주로 취득세와 부가가치세를 중심으로 취득 관련 세제의 내용들을 파악해보자. 기타 내용들은 저자의 다른 책들을 참조하기 바란다. 먼저 취득세부터 살펴보자. 상가와 관련해 취득세

---

13) 자금출처조사에 대한 자세한 내용은 저자의 다른 책을 참조하기 바란다.

는 일반세율이 적용되나 어떤 경우에는 중과세율(12%)이 적용되는 경우도 있다.

1. 기본 사례

K씨는 다음과 같이 상가를 취득했다.

구분	금액	비고
토지가액	1억 원	
건물가액	1억 원	
부가가치세	1천만 원	

Q[1]. 취득세 과세표준은 얼마인가?

취득세의 과세표준이 되는 취득가격은 과세대상 물건의 취득시기를 기준으로 그 이전에 당해 물건을 취득*하기 위해 거래 상대방 또는 제3자에게 지급했거나 지급해야 할 일체의 비용을 말하며 이에는 소개수수료, 설계비 등을 포함하되 부가가치세는 제외한다. 사례의 경우는 2억 원이 과세표준이 된다.

* 지방세법 제7조 제2항에서 "민법 등의 관계법령에 의하여 등기·등록을 하지 아니하더라도 사실상으로 취득하는 때"로 규정하고 있다. 구체적으로 민법에 의해 완전하게 소유권이 이전되는 것은 물론이고, 등기·등록을 하지 아니하더라도 잔금지급·법률행위(무상이전) 등 재산을 취득하는 법적사실이 있으면 취득으로 본다.

Q². 만약에 중개수수료로 120만 원(2억 원×0.6%)을 공인중개사에게 지급했다면 중개수수료도 취득세 과세표준에 포함되는가?

그렇다. 취득세 과세표준은 과세대상 물건의 취득 이전에 당해 물건을 취득하기 위해 거래상대방 등에게 지급한 일체의 비용인 소개수수료, 설계비 등을 말하기 때문이다(지방세법 시행령 제18조 제1항 제7호, 대법원 1997. 12. 26. 선고 97누10178 판결 참조).

Q³. 취득세 관련 세율은 얼마인가?

상가 취득 관련 세율은 다음과 같다.

구분	취득세	농어촌특별세	지방교육세	계
과세기준	취득가액의 4%	취득세 1/2의 10%	취득세 1/2의 20%	
세율	4%	0.2%	0.4%	4.6%
(중과세 세율*)	12%(4%+2%×4배)	1%	0.4%	13.4%

* 중과세는 사치성 재산을 취득할 때 적용된다(별장, 고급오락장 등). 참고로 취득세 중과세에 적용되는 농특세율은 농어촌특별세법 제5조 제6호에 따라 '2%×10%+0.2%×4배'인 1%를 적용한다(단, 저자는 이러한 법 집행은 해석상 문제가 있다고 판단하고 있다. 농특세는 국세임에도 불구하고 이에 대한 세율을 사실상 지자체에서 결정하고 있기 때문이다). 한편 지방교육세는 지방세법 제151조 제1항 제1호에 따라 '(4%-2%)×20%'인 0.4%를 적용한다. 참고로 취득세가 중과세되는 경우 농어촌특별세와 지방교육세 과세방식이 매우 복잡하다. 실무 적용 시에 주의하기 바란다. 이에 대한 문의는 저자의 카페를 통해 하기 바란다.

Q⁴. 취득세 관련 세금은 얼마인가?

과세표준 2억 원에 대해 4.6%를 곱하면 920만 원이 취득 관련 세금이 된다.

2. 상가 취득세 과세방식

상가 취득세 과세방식을 정리하면 다음과 같다.

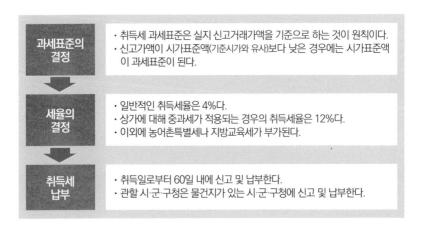

과세표준의 결정	· 취득세 과세표준은 실지 신고거래가액을 기준으로 하는 것이 원칙이다. · 신고가액이 시가표준액(기준시가와 유사)보다 낮은 경우에는 시가표준액이 과세표준이 된다.
세율의 결정	· 일반적인 취득세율은 4%다. · 상가에 대해 중과세가 적용되는 경우의 취득세율은 12%다. · 이외에 농어촌특별세나 지방교육세가 부가된다.
취득세 납부	· 취득일로부터 60일 내에 신고 및 납부한다. · 관할 시·군·구청은 물건지가 있는 시·군·구청에 신고 및 납부한다.

☞ 상가에 대해 취득세 중과세가 적용되는 경우는 주로 상가를 고급오락장으로 사용할 때다. 세법상 고급오락장의 범위는 대략 다음과 같다(99페이지 참조).

· 카지노장
· 자동도박기(슬롯머신 등)
· 미용실(욕실 등을 부설한 장소가 있는 미용실에 한함)
· 유흥주점영업장소(무도유흥주점, 유흥주점영업)

3. 실전 사례

K씨는 다음과 같이 상가를 경매로 취득했다. 취득세는 얼마인가?

〈자료〉
- 낙찰가액 : 3억 원(부가가치세 없음)
- 시가표준액 : 5억 원
- 경매 관련 수수료 : 1천만 원
- 총취득세율 : 4.6%

앞의 물음에 대해 순차적으로 답을 찾아보자.

STEP 1 쟁점은?

앞 사례의 쟁점은 두 가지다. 취득세 과세표준을 낙찰가액으로 할 것인지, 시가표준액으로 할 것인지 여부이며, 취득세 과세표준에 경매 관련 수수료 등이 포함되는지의 여부다.

STEP 2 사례에 대한 쟁점 해결은?

앞의 두 가지 쟁점에 대해 살펴보자.

① 첫 번째의 경우

원래 취득세 과세표준은 취득 당시 취득자가 신고한 가액으로 한다. 하지만 신고 또는 신고가액의 표시가 없거나 그 신고가액이 시가표준액보다 적을 때는 그 시가표준액으로 한다(구 지방세법 제10

조 제2항). 따라서 사례의 경우 시가표준액보다 낙찰가액이 낮으므로 5억 원에 과세하는 것이 세법논리상 맞다. 하지만 실무에서는 낙찰가액을 사실상 취득가액으로 보아 이를 기준으로 세금을 부과하고 있었다. 경매 방법에 의해 취득한 경우 사실상 취득가액을 과세표준으로 하도록 해석했기 때문이다. 그런데 최근 시가표준액보다 낮게 거래된 경우라도 실제 거래된 금액으로 취득세를 과세하는 것으로 세법이 개정되었다. 따라서 앞으로 경매에 의해 취득한 경우에는 시가표준액과 무관하게 낙찰가격에 대해 취득세가 부과될 것으로 보인다.

② 두 번째의 경우

상가의 취득세 과세표준을 실제 들어간 원가로 하는 경우, 취득이 완료되기 전까지 발생한 직간접비용(취득에 필요한 용역을 제공받은 대가로 지급하는 용역비·수수료 포함)은 이에 포함시켜야 하므로 경매 관련 수수료 등도 포함시켜야 한다(지방세법 시행령 제18조).

STEP 3 취득세는 얼마인가?

사례의 경우 낙찰가액과 경매 수수료를 더한 금액이 3억 1천만 원이고 이에 취득세율 4.6%를 곱하면 1,426만 원이 나온다. 다만, 수수료가 포함되지 않는 식으로 실무처리를 하면 1,380만 원이 된다.

☞ 참고로 앞에서 본 시가표준액이란 취득세, 재산세 등의 과세표준을 정하기 위해 시가 그 자체는 아니지만 과세관청이 과세를 위한 최저한의 표준가격으로 결정·고시한 가액을 말한다(기준시

가와 유사한 개념이다).

02
취득세가
중과세되는 경우 사치성 재산

일반적으로 상가를 취득할 때 취득세율은 4%가 된다. 그런데 특정한 부동산을 취득하면 이의 3배로 취득세가 중과세되는 경우가 있다. 이러한 중과세율은 특히 중개 시 잘 알아야 하는데, 지금부터 이에 대해 자세히 살펴보도록 하자.

1. 기본 사례

공인중개사 K씨는 이번에 다음과 같은 건물을 중개하고자 한다.

〈자료〉
· 총 5층 건물(지하 1층 포함)
· 매매예상가액 : 30억 원(부가가치세 1억 원 별도)

Q¹. 취득세 과세표준은 얼마인가?

매매예상가액인 30억 원이 취득가액이 된다. 취득 시 발생한 부가가치세는 제외된다.

Q². 일반적인 취득세는 얼마인가?

취득세율 4%를 가정한다면 1억 2천만 원(4.6% 기준 시 1억 3,800만 원)이 된다.

Q³. 만일 지하 1층이 취득세 중과세가 적용된다면 취득세는 얼마인가? 단, 이때의 중과세 과세표준은 4억 원이라고 하자.

지하 1층이 유흥업소 등에 해당되어 이에 대해 취득세 중과세가 적용된다면 취득 관련 세금이 다음과 같이 변한다.

① 취득세만 계산하는 경우

구분	과세표준	세율	취득세
일반적인 취득	26억 원	4%	1억 400만 원
중과세 취득	4억 원	12%	4,800만 원
계	30억 원	-	1억 5,200만 원

앞의 경우에 비해 대략 3,200만 원이 증가되었다.

② 농어촌특별세와 지방교육세를 포함하는 경우

구분	과세표준	세율	취득세
일반적인 취득	26억 원	4.6%	1억 1,960만 원
중과세 취득	4억 원	13.4%	5,360만 원
계	30억 원	-	1억 7,320만 원

이 경우에도 대략 3,500만 원이 증가되었다.

2. 취득세 중과세제도의 요약

취득세 중과세와 관련해 알아둬야 할 사항들은 다음과 같다.

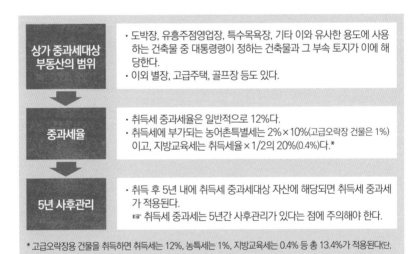

상가 중과세대상 부동산의 범위	· 도박장, 유흥주점영업장, 특수목욕장, 기타 이와 유사한 용도에 사용하는 건축물 중 대통령령이 정하는 건축물과 그 부속 토지가 이에 해당한다. · 이외 별장, 고급주택, 골프장 등도 있다.
중과세율	· 취득세 중과세율은 일반적으로 12%다. · 취득세에 부가되는 농어촌특별세는 2%×10%(고급오락장 건물은 1%)이고, 지방교육세는 취득세율×1/2의 20%(0.4%)다.*
5년 사후관리	· 취득 후 5년 내에 취득세 중과세대상 자산에 해당되면 취득세 중과세가 적용된다. ☞ 취득세 중과세는 5년간 사후관리가 있다는 점에 주의해야 한다.

* 고급오락장용 건물을 취득하면 취득세는 12%, 농특세는 1%, 지방교육세는 0.4% 등 총 13.4%가 적용된다(단, 저자는 12.6%가 적용된다고 판단하고 있다).

Q. K씨는 음식점으로 사용되던 장소를 유흥주점업을 영위하려는 사람에게 임대하려고 한다. K씨는 이를 임대해도 취득세 중과세 문제가 없을까? 이 건물은 취득한 지 10년이 지났다.

일단 K씨의 입장에서는 취득한 지 5년이 지났기 때문에 취득세 중과세제도를 적용받지 않는다. 만일 5년 전에 취득했다면 취득세 중과세를 적용받을 수 있다.

※ 관련 예규 : 취득세 중과세 추징(도세22670-299, 1991. 1. 28)
【질의】
본인은 영세민으로 1987년 2월에 취득한 타인소유건물을 1990년 7월에 임대하여 카바레를 경영 중 위 건물이 팔려 1991년 1월 9일에 폐업(허가취소)을 하였는데, 건물을 취득하여 5년 이내에 카바레를 경영하여 일반과세된 취득세를 1991년 1월 10일자로 중과세 부과되었음. 지방세법상 과세대장에 등재되어 있는 현재를 근거로 과세하는 것으로 알고 있고 1991년 1월 9일 폐업으로 과세대장에서 말소된 다음 날인 1991년 1월 10일자로 과세하였음은 부당하다고 판단되며 본 건 5년 내에 중과세한다는 점을 전혀 알지 못함. 이 경우에도 취득세 중과세가 되는지.

【회신】
고급오락장이 된 토지, 건축물은 고급오락장이 되어 30일이 경과된 때로부터 5년까지 취득세를 중과세로 추징할 수 있음.

3. 실전 사례

K씨는 본인이 소유하고 있는 상가를 유흥주점업(룸살롱)을 영위하는 사업자에게 임대하려고 한다. 단, 임대하고자 하는 영업장 전체 면적은 $100m^2$를 초과하지 않는다.

Q^1. 세법상 고급오락장은 어떤 것을 말하는가?

세법상 고급오락장은 ① 카지노장(외국인 전용 카지노장은 제외), ② 자동도박기(빠친코·슬롯머신 등)장, ③ 특수목욕장(일명 터키탕 등), ④ 영업장 전체면적(전용면적이 아님)이 $100m^2$ 초과하는 카바레·나이트클럽·디스코 클럽(관광유흥음식점은 제외), ⑤ 영업장 전체면적이 $100m^2$ 초과하고 객실의 면적이 영업장 전용면적의 50% 이상이거나 객실의 수가 5개 이상인 룸살롱·요정영업장 등을 말한다.

Q^2. 고급오락장에 대해서는 왜 중과세를 적용하는가?

주로 향락산업에 대한 규제의 일환으로 취득세를 중과세한다.

Q^3. K씨는 취득세가 중과세로 추징된다고 하는데 맞는 말인가?

룸살롱의 경우 일단 영업장 전체 면적이 $100m^2$를 초과해야 한다. 따라서 K씨가 임대하고자 하는 영업장은 이에 해당하지 않으므로 취득세 중과세를 적용받지 않는다.

Tip 고급오락장의 범위

세법상 고급오락장에 대해서는 취득세와 재산세가 중과세가 적용될 수 있다. 특히 건물을 취득할 때 일반세율로 내고 취득 후 5년 내에 고급오락장으로 용도가 변경되는 경우에는 8%의 취득세를 추가로 징수함에 유의해야 한다. 한편 지방세법 제13조 제5항 제4호에서는 다음과 같이 고급오락장의 범위를 정하고 있다.

4. 고급오락장 : 도박장, 유흥주점영업장, 특수목욕장, 그 밖에 이와 유사한 용도에 사용되는 건축물 중 대통령령으로 정하는 건축물과 그 부속 토지. 다만, 고급오락장용 건축물을 취득한 날부터 60일[상속으로 인한 경우는 상속개시일이 속하는 달의 말일부터, 실종으로 인한 경우는 실종선고일이 속하는 달의 말일부터 각각 6개월(납세자가 외국에 주소를 둔 경우에는 각각 9개월)] 이내에 고급오락장이 아닌 용도로 사용하거나 고급오락장이 아닌 용도로 사용하기 위하여 용도변경공사를 착공하는 경우는 제외한다(2018. 12. 31 단서개정).

그리고 앞의 대통령령은 지방세법 시행령 제28조 제5항에서 다음과 같이 규정하고 있다.

⑤ 법 제13조 제5항 제4호 본문에서 '대통령령으로 정하는 건축물과 그 부속 토지'란 다음 각 호의 어느 하나에 해당하는 용도에 사용되는 건축물과 그 부속 토지를 말한다. 이 경우 고급오락장이 건축물의 일부에 시설되었을 때에는 해당 건축물에 부속된 토지 중 그 건축물의 연면적에 대한 고급오락장용 건축물의 연면적 비율에 해당하는 토지를 고급오락장의 부속 토지로 본다(2010. 12. 30 개정).

1. 당사자 상호 간에 재물을 걸고 우연한 결과에 따라 재물의 득실을 결정하는 카지노장('관광진흥법'에 따라 허가된 외국인전용 카지노장은 제외한다) (2010. 09. 20 개정)

2. 사행행위 또는 도박행위에 제공될 수 있도록 자동도박기[빠친코, 슬롯머신 (Slot machine), 아케이드 이퀴프먼트(Arcade equipment) 등을 말한다]를 설치한 장소(2010. 09. 20 개정)

3. 머리와 얼굴에 대한 미용시설 외에 욕실 등을 부설한 장소로서 그 설비를 이용하기 위하여 정해진 요금을 지급하도록 시설된 미용실(2010. 09. 20 개정)

4. '식품위생법' 제37조에 따른 허가 대상인 유흥주점영업으로서 다음 각 목의 어느 하나에 해당하는 영업장소(공용면적을 포함한 영업장의 면적이 100 제곱미터를 초과하는 것만 해당한다)(2014. 12. 30 개정)

가. 손님이 춤을 출 수 있도록 객석과 구분된 무도장을 설치한 영업장소(카바레·나이트클럽·디스코클럽 등을 말한다)(2010. 09. 20 개정)

나. 유흥접객원(남녀를 불문하며, 임시로 고용된 사람을 포함한다)을 두는 경우로, 별도로 반영구적으로 구획된 객실의 면적이 영업장 전용면적의 100분의 50 이상이거나 객실 수가 5개 이상인 영업장소(룸살롱, 요정 등을 말한다)(2017. 12. 29 개정)

※ 저자 주

설립된 지 5년이 안 된 법인이 수도권 과밀억제권역 내에서 상가나 빌딩을 취득하면 취득세율이 4%에서 8%로 중과세된다. 따라서 법인을 통해 부동산을 취득할 때에는 취득세 중과세 문제부터 해결할 수 있어야 한다. 이후 임대소득과 양도소득에 대한 세금, 관리비용 등을 고려해 개인으로 할 것인지, 법인으로 할 것인지 이에 대한 의사결정을 하는 것이 좋을 것으로 보인다. 자세한 내용은 저자의《법인부동산 세무리스크 관리노하우》등을 참조하기 바란다.

03 상가 취득과 부대비용 처리법

상가 취득과 관련해 발생한 부대비용은 원칙적으로 상가의 취득 가액을 형성하고, 이후 임대소득세 계산 시 감가상각 등을 통해 일부 비용처리가 되며, 향후 상가의 양도 시 양도가액에서 차감이 된다. 이하에서 예를 들어 이에 대해 살펴보자.

1. 기본 사례

서울 영등포구에 살고 있는 K씨는 상가를 다음과 같이 취득했다.

〈자료〉
① 취득가액 : 4억 원(토지 2억 원, 건물 2억 원) ② 취득세 등 : 1,800만 원
③ 채권할인비용 : 500만 원   ④ 등기수수료 : 200만 원
⑤ 중개수수료 : 500만 원   ⑥ 수선비 : 1천만 원

Q¹. 세법상 취득원가는 얼마인가? 이를 재무상태표(대차대조표)로 표시한다면?

원래 취득가액(취득원가)이란 타인으로부터 매입한 자산의 취득가액은 매입가액에 취득세, 기타 부대비용을 가산한 금액을 말한다. 따라서 앞의 ①부터 ⑥까지의 항목 중 ①~⑤까지의 항목은 취득원가로 할 수 있다. 수선비는 취득이 완료(잔금청산이나 소유권 이전등기 후)된 후에 발생한 비용이므로 당기비용으로 처리된다.

Q². 앞의 결과를 재무상태표에 표시하면?

유형자산 토지 2억 1,500만 원 건물 2억 1,500만 원	부채
	자본

원래 상가 취득가액은 총 4억 원이나 이를 토지와 건물로 구분하면 각각 2억 원이 된다(자료 가정). 그리고 부대비용인 3천만 원도 이를 기준으로 안분계산한다. 이렇게 한 이유는 건물에 대해서만 감가상각제도가 적용되기 때문이다.

Q³. 앞의 건물에 대한 감가상각연수가 30년이라고 한다면 연간 비용으로 처리할 수 있는 금액은?

앞의 건물에 대한 감가상각연수가 30년이라면 다음과 같이 감가상각을 할 수 있다. 감가상각 여부는 사업자가 선택할 수 있다.

· 건물취득가액 2억 1,500만 원÷감가상각연수 30년=7,166,666원
· 5년간 감가상각 시 : 7,166,666원×5년=35,833,333원

Q⁴. 앞의 건물을 5년 후 5억 원에 양도하는 경우 양도차익은 얼마인가? 양도 시에 중개수수료가 500만 원 발생했다고 하자.

양도차익은 양도가액에서 취득가액과 기타필요경비를 차감해서 계산한다.

구분	금액	비고
양도가액	500,000,000원	가정
− 취득가액	394,166,667원	토지취득가액+건물취득가액(감가상각비 제외) =2억 1,500만 원+(2억 1,500만 원−35,833,333원) =394,166,667원
− 기타필요경비	5,000,000원	양도 시 중개수수료
= 양도차익	100,833,333원	

임대소득세 신고에 반영된 감가상각비는 양도소득세 신고 때는 제외가 된다. 따라서 건물에 대한 감가상각비를 계상해 임대소득세를 신고할 것인지, 아니면 이를 계상하지 않고 추후 양도 시 양도소득세에서 공제할 것인지에 대해서는 별도의 의사결정이 필요하다(제5장 참조).

※ 상가 보유 중 인테리어 공사를 한 경우

상가를 보유 중에 임대인이 인테리어 공사를 한 경우에는 자본적 지출로 보아 장부가액에 합산할 수 있다. 하지만 임차인이 공사한 것은 이와 관련이 없다. 상가 보유 중에 수선비 등이 발생하면 이를 자산가액에 합산할지, 당기의 비용으로 처리할지에 대한 판단은 실무상 매우 중요하다.

Tip 상가임대차 및 매매에 대한 중개수수료

상가임대차 및 매매에 대한 중개수수료는 다음과 같다.

1. 상가임대차 중개수수료

· 전세보증금 + (월임차료* × 100) × 0.9% = 중개수수료

  * 월임차료에는 부가가치세를 제외함.

☞ 중개수수료요율은 쌍방합의로 0.9% 이내에서 이를 정할 수 있다.

2. 상가 매매 중개수수료

· 거래금액의 0.9% 이내

☞ 쌍방합의로 0.9% 이내에서 이를 정할 수 있다.

참고로 매도인이 일반과세자이면 세금계산서가 발급되나 간이과세자는 세금계산서가 발급되지 않는다. 한편 매수인이 일반과세자이면 부가가치세를 환급받을 수 있다.

04 상가 취득과 부가가치세의 계산

상가를 취득하는 경우 부가가치세가 어떤 식으로 발생하는지 알아보자. 참고로 분양의 경우에는 시행사가 부가가치세를 산정해주기 때문에 업무처리가 단순한 반면, 기존 건물의 경우에는 토지와 건물이 일괄공급되는 경우가 많아 부가가치세 처리가 쉽지 않다.

1. 기본 사례

K씨는 이번에 기존 상가를 다음과 같이 매수계약을 체결했다. 매매계약서상에는 "부가가치세는 매수인이 부담한다"라고 되어 있다.

구분	매매가액	기준시가
토지가액	6억 원	토지기준시가 : 2억 원
건물가액		건물기준시가 : 1억 원
부가가치세	?	–

Q¹. 이 경우 부가가치세는 얼마인가?

부가가치세를 매수인이 부담하는 조건이다. 따라서 앞의 매매가액 6억 원에는 부가가치세가 포함되어 있지 않다. 이러한 상황에서는 '감정평가 → 기준시가 등의 비율'순으로 안분계산해야 한다. 사례의 경우 기준시가로 안분계산한다.

매매가액	공급가액 구분
6억 원	·토지공급가액=6억 원×(2억 원/3억 원)=4억 원
	·건물공급가액=6억 원×(1억 원/3억 원)=2억 원

부가가치세는 건물분에서 발생하므로 이 경우 2천만 원이 부가가치세가 된다. 그 결과 총거래가액은 6억 2천만 원이 된다.

Q². 만일 앞의 건물에 대해 감정평가를 받았다고 하자. 토지의 감정가액은 5억 원, 건물의 감정가액은 1억 원이라면 앞의 부가가치세는 얼마로 줄어들까?

감정가액이 있다면 이 금액으로 안분하는 것이 우선이므로 공급가액은 다음과 같이 구분할 수 있다.

매매가액	공급가액 구분
6억 원	·토지공급가액=6억 원×(5억 원/6억 원)=5억 원
	·건물공급가액=6억 원×(1억 원/6억 원)=1억 원

이렇게 감정평가액을 기준으로 안분하면 건물공급가액이 줄어

들게 되어 부가가치세도 덩달아 줄어들게 된다. 그 결과 총거래가액은 6억 1천만 원이 된다.

2. 상가 구입 시 부가가치세 계산과정

원래 상가를 구입하는 경우에는 다음과 같이 가격구조가 형성된다. 즉 상가 구입가액은 크게 건물가액과 토지가액, 그리고 부가가치세 10%로 구성된다.

	건물가액
상가 구입가액	토지가액
	부가가치세(건물가액의 10%)

그런데 부가가치세 실무에서는 이의 구분을 어떻게 하는지에 따라 세무상 문제가 발생한다. 이를 자세히 살펴보면 다음과 같다.

① 건물가액과 토지기액의 구분이 정상석으로 되어 있는 경우
매매계약서 등에 기재된 건물 등의 실지거래가액을 공급가액으로 한다.

② 건물가액과 토지가액의 구분이 정상적이지 못한 경우
계약서에 구분해 기재된 건물가액이 경제적 합리성이 결여되어 있거나, 부가가치세를 회피할 의도로 임의 구분기재한 것으로 확

인되는 경우에는 매매계약서에 건물가액이 구분기재되었다 하더라도 이를 인정하지 않을 수 있다. 따라서 이러한 상황이 발생하면 다음 ③의 '불분명'한 경우에 해당되어 아래 ③처럼 처리해야 한다.

③ 건물가액과 토지가액이 구분되지 않거나 불분명한 경우(일괄공급의 경우)

아래처럼 가액 구분이 불분명하거나 사업자가 구분한 금액이 기준시가 등에 의해 구분한 가액에 따라 30% 이상 차이가 난 경우에는 '기준시가 등'에 비례해 안분한다. 단, 2022년부터 건물을 철거해 토지만 사용하는 경우 등은 사업자가 구분한 금액을 인정한다.

※ 일괄 공급된 토지·건물 등 가액의 안분기준 보완(부가법 §29⑨)

현행	개정안
□ 토지와 건물을 함께 공급하는 경우 공급가액은 건물의 실지거래가액	□ (좌동)
□ 다음 중 어느 하나 해당 시 기준시가 등에 비례해 안분계산	□ 안분계산 예외 신설
○ 실질거래가액 중 토지, 건물의 가액의 구분이 불분명한 경우 ○ 사업자가 구분한 토지, 건물의 실지거래가액이 기준시가 등에 따라 <u>안분계산한 금액과 30% 이상 차이</u>가 있는 경우	(좌 동)
〈단서 신설〉	- 다만, 사업자가 구분한 실지거래가액을 인정할 만한 대통령령으로 정하는 사유*가 있는 경우 제외 * ① 다른 법령에서 토지와 건물의 양도가액을 정한 경우 ② 건물이 있는 토지를 취득해 건물을 철거하고 토지만 사용하는 경우 등

〈개정이유〉 토지 및 건물 등에 대한 과세기준 합리화
〈적용시기〉 2022. 1. 1 이후 공급하는 분부터 적용

3. 실전 사례

K씨는 다음과 같이 분양계약을 체결했다.

〈자료〉

구분	금액	비고
건물가액	1억 원	VAT 별도
토지가액	1억 원	
계	2억 원	

Q¹. 부가가치세는 얼마인가?

상가 건물에만 부가가치세가 발생한다. 따라서 부가가치세는 건물가액의 10%인 1천만 원이 된다. 토지의 공급에 대해서는 부가가치세가 발생하지 않는다.

Q². 시행사는 건물가액과 토지가액을 어떻게 구분하는 걸까?

분양의 경우 토지기액과 긴물가액의 원가, 면적 등을 고려해 토지가액과 건물가액을 구분하는 것이 일반적이다. 통상 감정평가를 통해 이를 정하는 것이 사후적으로 분쟁을 예방할 수 있는 길이 된다.

Q³. 건물가액이 5천만 원이라면 어떤 결과가 나올까?

건물가액이 낮아지면 외관상 부가가치세가 적게 발생된다. 부가가치세가 적게 발생되면 총분양가가 인하되고 그만큼 사업이윤이 커질 가능성이 높다. 소비자들은 부가가치세를 포함한 총분양가를 투자 금액으로 생각하는 경우가 많기 때문이다.

당초			변경	
건물가액	1억 원	➡	건물가액	5천만 원
토지가액	1억 원	➡	토지가액	1억 5천만 원
부가가치세	1천만 원	➡	부가가치세	500만 원
총분양가	2억 1천만 원	➡	총분양가	2억 500만 원

건물가액을 인하하면 부가가치세가 1천만 원에서 500만 원으로 인하되므로 총분양가가 500만 원이 인하된다. 만일 총분양가를 2억 1천만 원에 맞춘다면 다음과 같이 토지가액을 올려서 분양계약을 체결할 수 있다.

당초			변경	
건물가액	1억 원	➡	건물가액	5천만 원
토지가액	1억 원	➡	토지가액	1억 5,500만 원
부가가치세	1천만 원	➡	부가가치세	500만 원
총분양가	2억 1천만 원	➡	총분양가	2억 1천만 원

이렇게 된 결과 사업이윤이 상가 1개당 500만 원 증가하는 결과가 발생한다.

☞ 이러한 결과가 나오므로 취득가액을 인위적으로 조작하는 경우에는 세무조사 등에 의해 세금이 추징될 수 있다.

Tip 상가 양도 시 세금계산서와 계산서 발급방법

상가를 양도하면서 세금계산서와 계산서 등은 다음과 같이 발급해야 한다. 다만, 포괄양수도계약의 경우에는 발급의무가 없다.

구분	발급해야 할 증빙	비고
·건물	세금계산서	강제
·토지	계산서	선택

☞ 상가 매수인은 주민등록번호로 작성된 세금계산서를 수취하더라도 환급을 받는 데 지장이 없다.

05
취득 시 낸
부가가치세 환급원리

일반적으로 상가를 취득하면 부가가치세가 발생한다. 그런데 매수자가 일반과세지에 해당하면 취득 시 냈던 부가가치세는 전액 환급을 받을 수 있다. 그렇다면 왜 세법은 이 부가가치세를 환급해줄까?

1. 기본 사례

K씨는 다음과 같이 상가를 취득했다.

〈자료〉
· 계약금 : 토지가액 2천만 원, 건물가액 2천만 원(VAT 별도)
· 중도금 : 토지가액 5천만 원, 건물가액 5천만 원(VAT 별도)
· 잔　금 : 토지가액 3천만 원, 건물가액 3천만 원(VAT 별도)

Q¹. **K씨가 부담한 부가가치세는 환급이 가능하다. 왜 부가가치세를 환급해주는가?**

원래 사업자가 창출한 부가가치에 10%의 부가가치세를 과세하는데, 현행세법은 간접적으로 '매출세액에서 매입세액을 차감'해 부가가치세를 계산하고 있다. 즉, 부가가치를 별도로 측정하지 않고 앞과 같은 방식으로 부가가치세를 계산하고 있다. 따라서 K씨가 부담한 부가가치세는 매출세액에서 공제되는 매입세액에 해당하므로 이를 환급해주는 것이라고 할 수 있다.

Q². **앞의 계약금과 중도금, 잔금 지급일이 2022년 상반기에 속해 있는 경우 사업자등록은 언제까지 해야 부가가치세를 환급받을 수 있는가?**

2022년 상반기에 계약과 동시에 잔금을 청산하게 되므로 과세기간이 종료된 말일로부터 20일* 내인 2022년 7월 20일까지 사업자등록을 신청하면 환급을 받을 수 있다.

* 종전에는 사업자등록신청일로부터 소급해서 20일 내의 것만 환급을 해주었다.

Q³. **앞의 계약금과 중도금은 2022년 상반기(2월), 잔금은 2022년 하반기(8월)에 지급한 경우 사업자등록은 언제까지 해야 부가가치세를 환급받을 수 있는가?**

2022년 상반기와 하반기에 걸쳐 계약과 잔금지급 등이 이루어지므로 1과세기간이 종료된 날로부터 20일 내인 2022년 7월 20일까지 사업자등록을 신청해야 모두 환급을 받을 수 있다. 만일 다음 해 1월 20일까지 신청한 경우에는 계약금과 중도금에서 발생하는 부가가치세는 환급을 받을 수 없으며, 잔금에 대한 부가가치세만 환급받을 수 있다.

Q⁴. 앞의 물음 3과 같은 상황에서 K씨는 잔금지급일에 세금계산서를 한 장으로 받았다. 이 경우 환급을 받을 수 있는가?

부가가치세를 환급받기 위해서는 세법에 맞게 세금계산서가 발급되어야 한다. 세법은 상가 같은 재화의 경우 재화가 인도되거나 이용 가능하게 되는 때를 공급시기로 보나, 장기할부(1년 이상, 2회 이상 대가 분할)나 중간지급조건부(계약금을 지급하기로 한 날부터 잔금을 지급하기로 한 날까지의 기간이 6월 이상인 경우)는 '대가의 각 부분을 받기로 한 때(실제 회수 여부와 무관)'를 공급시기로 한다. 따라서 물음 3의 경우 중간지급조건부 재화에 해당하므로 계약금, 중도금, 잔금을 받기로 한 때가 공급시기가 되므로 이날을 기준으로 세금계산서가 각각 수수되어야 한다. 따라서 K씨가 받은 세금계산서는 잘못된 것에 해당되어 계약금과 중도금에 대해서는 환급되지 않는다.

※ 재화(상가)의 공급시기

재화가 공급되는 시기는 원칙적으로 인도시점이다. 다만, 실무적으로는 다음과 같이 구체적인 기준을 공급시기로 해야 한다.

① 현금판매·외상판매·단기할부 : 재화가 인도되거나 이용 가능하게 되는 때

② 장기할부판매 : 대가의 각 부분을 받기로 한 때(실제 회수 여부와 무관)

여기서 장기할부라는 다음의 요건을 충족한 것을 말한다. 만일 이에 해당하지 않는다면 단기할부 등의 판매로 봐야 한다.

· 2회 이상 분할해 대가를 받은 것

· 당해 재화의 인도일의 다음 날부터 최종 부불금 지급일까지의 기간이 1년 이상인 것

③ 중간지급조건부로 재화를 공급하는 경우 : 대가의 각 부분을 받기로 한 때

중간지급조건부에 의한 재화공급은 재화가 인도되기 전이거나 용역의 제공이 완료되기 전에 계약금 이외의 대가를 분할해 지급하는 경우로 계약금을 지급하기로 한 날부터 잔금을 지급하기로 한 날까지의 기간이 6월 이상인 경우를 말한다.

※ 중간지급조건부계약 요약

구분	내용	비고
대가수령방법	계약금·중도금·잔금	세금계산서는 대가의 각 부분을 받기로 한 때마다 빌급해야 함.
수령일자	계약서에 특정된 날	
기간	계약부터 잔금까지 6월 이상	
계약서 형태	분양계약서	
해약	수정세금계산서 발급(당초공급이 없음으로 간주)	
건설형태	시행사(재화의 공급)	

2. 상가 취득 시 부가가치세 업무절차

상가 취득 시 부가가치세 업무절차는 다음과 같다.

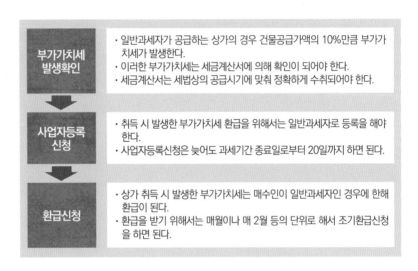

부가가치세 발생확인	· 일반과세자가 공급하는 상가의 경우 건물공급가액의 10%만큼 부가가치세가 발생한다. · 이러한 부가가치세는 세금계산서에 의해 확인이 되어야 한다. · 세금계산서는 세법상의 공급시기에 맞춰 정확하게 수취되어야 한다.
사업자등록 신청	· 취득 시 발생한 부가가치세 환급을 위해서는 일반과세자로 등록을 해야 한다. · 사업자등록신청은 늦어도 과세기간 종료일로부터 20일까지 하면 된다.
환급신청	· 상가 취득 시 발생한 부가가치세는 매수인이 일반과세자인 경우에 한해 환급이 된다. · 환급을 받기 위해서는 매월이나 매 2월 등의 단위로 해서 조기환급신청을 하면 된다.

☞ 간이과세자로부터 매수 시에는 부가가치세 환급을 받을 수 없다. 왜냐하면 간이과세자는 세금계산서를 발급할 수 없기 때문이다.

3. 실전 사례

L씨는 다음과 같이 분양계약을 체결했다. L씨가 부가가치세를 환급받기 위한 절차를 설명하면?

구분	지급일	부가가치세	비고
계약금	20×6. 5. 1.	500만 원	L씨의 주민등록번호로 세금계산서 수령
1회 중도금	20×6. 8. 1.	1천만 원	
2회 중도금	20×6. 11. 1.	1천만 원	
잔금	20×7. 2. 1.	2천만 원	

앞의 자료를 보고 L씨의 입장에서 부가가치세를 환급받는 절차를 살펴보자.

STEP 1 사업자형태의 결정

L씨가 부가가치세를 환급받기 위해서는 일반과세자로 등록해야 한다.

STEP 2 사업자등록신청

계약금에 대한 500만 원 부가가치세도 환급받기 위해서는 적어도 20×7년 7월 20일까지 사업자등록을 신청해야 한다.

STEP 3 부가가치세 환급신청

앞과 같이 적법하게 사업자등록을 신청했다면 등록 전에 발생한 부가가치세 500만 원과 그 이후에 발생하는 부가가치세 전액은 환급이 가능하다. 이를 위해서는 적법하게 환급신청을 해야 한다.

☞ 환급신청 시 필요한 서류 등은 뒤에서 살펴본다.

06
부가가치세
환급신청 방법 _{사후관리 포함}

상가를 취득할 때 발생한 부가가치세를 실무적으로 어떻게 환급받는지, 그리고 환급받은 후 주의해야 할 내용을 정리해보자. 특히 부가가치세를 환급받은 후 간이과세자로 변경되거나 폐업시기를 잘못 맞춘 경우에는 환급받은 부가가치세를 추징당할 수 있음에 유의해야 한다.

1. 기본 사례

L씨는 다음과 같은 상가를 매수하려고 한다.

〈자료〉
· 상가매수가액 : 3억 원
· VAT 별도

Q¹. 부가가치세는 얼마인가? 단, 토지기준시가는 1억 원, 건물은 5천만 원이다.

총공급가액에 토지와 건물기준시가의 비율(1/1.5, 0.5/1.5)을 곱하면 토지는 2억 원, 건물은 1억 원이 나온다. 따라서 부가가치세는 1천만 원이 된다.

Q². 세금계산서를 주민등록번호로 받았다. 환급이 가능한가?

사업자등록번호가 없으므로 주민등록번호를 기재해 세금계산서를 받더라도 환급이 가능하다.

Q³. 환급신청은 어떻게 하는가?

환급신청은 우편이나 방문 또는 홈택스에서 전자적으로 할 수 있다. 한편 신청은 본인이 직접 할 수 있고 세무대리인을 통해 대행할 수도 있다. 참고로 상가 등을 취득하면서 발생한 부가가치세는 조기에 환급이 가능하다. 이는 다음처럼 환급신청을 할 수 있도록 하는 제도에 해당한다.

· 예정신고기간 중 또는 과세기간 최종 3개월 중 매월 또는 매 2월 (조기환급기간)이 끝난 날부터 25일(조기환급신고기한) 내에 신고
· 관할 세무서에서는 조기환급신고기한이 지난 후 15일 이내에 사업자에게 부가가치세를 환급

Q⁴. 환급신고 시 서식은 어떻게 작성하는가?

일반과세자의 부가가치세 환급신고는 다음과 같이 작성한다. 이 서식은 국세청 홈페이지에서 다운로드 받을 수 있고, 국세청 홈택스를 통해 작성할 수 있다.

일반과세자 부가가치세 신고서

□ 예정 □ 확정 □ 기한후 과세표준 ■ 영세율 등 조기환급

사업자	상호		성명	
	주민등록번호		사업자등록번호	

신고내용				
구분			금액	세액
과세표준 및 매출세액	과세	세금계산서 발급분		
		기타		
	영세율	세금계산서 발급분		
		기타		
	합계			
매입세액	세금계산서 수취분	일반매입		
		고정자산매입	100,000,000	10,000,000
		합계	100,000,000	10,000,000
납부(환급)세액(매출세액-매입세액)				10,000,000
국세환급금 계좌신고	○○은행 ○○지점		계좌번호	

☞ 첨부서류 : 세금계산서 원본, 분양 계약서, 입금통장사본 등(추후 관할 세무서 담당자와 상의해 서류 보완), 환급금이 2천만 원 이상일 시 환급계좌개설신고서를 별도로 제출함.

Q⁵. 관할 세무서에서는 무조건 환급을 해주는가?

아니다. 실제 거래가 있었는지 등을 자금증빙 등을 통해 검증하는 경우가 많다. 때로는 현장방문을 통해 이를 확인하는 경우도 있다.

2. 부가가치세 환급과 사후관리

부가가치세를 환급받은 경우에는 다음과 같은 사후관리에 주의해야 한다. 당초 환급받은 부가가치세가 추징될 수 있기 때문이다.

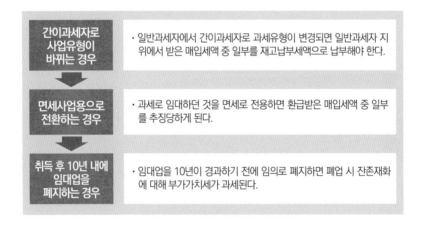

간이과세자로 사업유형이 바뀌는 경우	· 일반과세자에서 간이과세자로 과세유형이 변경되면 일반과세자 지위에서 받은 매입세액 중 일부를 재고납부세액으로 납부해야 한다.
면세사업용으로 전환하는 경우	· 과세로 임대하던 것을 면세로 전용하면 환급받은 매입세액 중 일부를 추징당하게 된다.
취득 후 10년 내에 임대업을 폐지하는 경우	· 임대업을 10년이 경과하기 전에 임의로 폐지하면 폐업 시 잔존재화에 대해 부가가치세가 과세된다.

※ 환급 후 사후관리 요약(추징이 되는 경우)
 · 일반과세자에서 간이과세자로 전환되는 경우
 · 과세에서 면세로 전용되는 경우
 · 10년이 경과하기 전에 임의로 폐업한 경우 등

☞ 폐업 전에 양도하는 경우와 구별해야 한다.

3. 실전 사례

2015년에 상가를 구입해 부가가치세 3천만 원을 환급받고 임대하던 K씨가 최근에 폐업했다. 따라서 현재 그는 더 이상 사업자가 아니다. 이러한 상황에서 K씨는 보유하고 있던 상가를 비영리법인인 교회에 양도했다. 이때 부가가치세는 없었다. 그런데 얼마 뒤에 관할 세무서에서 K씨가 폐업할 당시의 건물의 시가를 산정해 부가가치세를 추징하겠다고 한다. K씨는 이 상황이 도저히 이해할 수가 없다. 왜 이러한 문제가 발생했을까?

K씨의 문제를 순차적으로 해결해보자.

STEP 1 쟁점은?

K씨는 폐업할 당시의 시가를 기준으로 부가가치세를 추징당할 것인지의 여부다.

STEP 2 세법 규정은?

세법은 비사업자에게는 부가가치세 징수의무를 지우지 않기 때문에 비사업자 지위에서 양도한 부동산에 대해서는 부가가치세가 발생하지 않는다. 따라서 부가가치세 없이 거래를 원하는 사람들은 일단 폐업하고 이후 임대용 부동산을 양도하려고 할 것이다. 현행세법은 이러한 방식을 통해 부가가치세 부담 없이 거래하는 것을 방지하기 위해 '폐업 시 잔존하는 재고자산(재화)'에 대해 부가가치세를 과세하는 제도를 두고 있다. 다만, 이렇게 부담시키는 부가가치세는 당초에 본인이 환급받은 부가가치세가 있어야 추징(환급을 받지 않았으면 추징을 하지 않음)을 하며 다음과 같은 식으로 환급받은 세액을 추징한다.

- 과세표준 = 취득가액 × {1 - (5/100 × 경과된 과세기간 수)} = 시가
- 부가가치세 = 시가 × 10%

참고로 앞에서 '5/100'는 2002년 1월 1일 이후 취득한 것을 대상으로 적용한다(10년 체감법).

STEP 3 결론은?

K씨가 당초 취득 시 부가가치세를 환급받은 후 10년이 경과하지 않았기 때문에 당해 상가는 '폐업 시 잔존재화'에 해당되어 부가가치세를 내야 한다. 예를 들어 5년이 남아 있다면, 환급받은 세액 중 절반 정도를 반환해야 한다.

Q. 상가분양 시 일반과세자로 사업자등록을 하고 부가가치세를 환급받은 후 임대업으로 등록해 부가가치세를 납부하고 있다. 이 경우, 이 상가가 임대차기간이 만료되어 임대사업자 본인이 일반과세자로 사업자등록을 한 후 과세사업으로 이 상가를 직접 사용 시 환급부가가치세가 추징되는가?

부가가치세를 환급받은 임대건물을 본인의 과세사업에 계속해서 사용한다면 환급받은 부가가치세는 폐업 시 잔존재화로 과세되지 않는 것으로 다시 부가가치세를 신고·납부할 필요는 없다.

☞ 앞의 상황에서 간이과세자로 사업자등록을 하는 경우에는 환급받은 세액 중 일부를 재고납부세액으로 납부해야 한다.

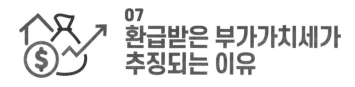

07
환급받은 부가가치세가 추징되는 이유

부가가치세를 환급받은 후 부가가치세를 반환해야 하는 경우가 종종 있다. 그렇다면 왜 이러한 일들이 발생할까? 이하에서는 일반과세자가 상가를 취득한 후에 이를 반환하는 경우에 대해 사례를 통해 알아보자.

1. 기본 사례

K씨는 일반과세자로서 다음과 같이 상가를 취득한 후 부가가치세를 환급받았다.

〈자료〉
· 상가 구입 시 건물가액 : 2억 원
· 부가가치세 환급액 : 2천만 원
· 상가 구입 시기 : 2020. 1. 1.
· 월 임대료 : 200만 원

Q¹. 연간 임대료가 4,800만 원에 미달하면 일반과세자에서 간이과세자로 유형이 변경될 수 있는데 이때 어떤 문제점이 발생하는가?

간이과세자로 과세유형이 변경되면 10년 중 잔여기간에 해당하는 부가가치세 중 과환급분을 반환해야 한다. 간이과세자로 임대를 하면 임대료의 4%만 부가가치세가 들어오므로 잔여기간의 부가가치세 중 6% 상당액의 부가가치세를 반환하게 된다.

Q². 만일 2022년 1월 1일에 이 사업장을 면세사업용으로 전환하면 부가가치세를 얼마나 반환해야 하는가?

과세사업장을 면세로 전용하는 경우에는 더 이상 부가가치세 세수가 발생하지 않으므로 국가 입장에서는 과도하게 환급해준 부분을 추징하게 된다. 이 경우 10년 중 2년은 과세사업장으로 역할을 했으므로 반환대상은 아니지만, 나머지 8년분은 반환대상이 된다. 따라서 당초 환급받은 2천만 원의 80%인 1,600만 원이 반환대상이 된다.

Q³. 만일 2021년 12월 31일자로 폐업을 하면 어떻게 되는가?

일단 폐업을 하는 경우에는 ① 재화의 공급에 따른 부가가치세와 ② 폐업 시의 잔존재화에 대한 부가가치세 문제를 검토해야 한다. ①의 경우에는 매수자가 부가가치세 거래를 계속하므로 반환대상이 되지 않지만, ②의 경우에는 부가가치세 거래가 이어지지 않으므로 폐업 시 남아 있는 재화에 대해 당초 환급받은 부가가치세 중 일부를 반환해야 한다.

2. 부가가치세를 반환하는 이유

일반과세자가 부가가치세를 반환(또는 추징)해야 하는 이유를 정리하면 다음과 같다.

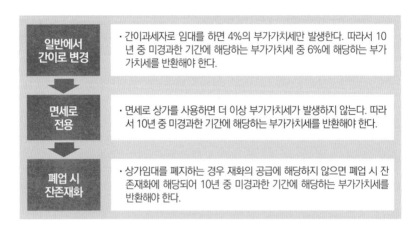

일반에서 간이로 변경	· 간이과세자로 임대를 하면 4%의 부가가치세만 발생한다. 따라서 10년 중 미경과한 기간에 해당하는 부가가치세 중 6%에 해당하는 부가가치세를 반환해야 한다.
면세로 전용	· 면세로 상가를 사용하면 더 이상 부가가치세가 발생하지 않는다. 따라서 10년 중 미경과한 기간에 해당하는 부가가치세를 반환해야 한다.
폐업 시 잔존재화	· 상가임대를 폐지하는 경우 재화의 공급에 해당하지 않으면 폐업 시 잔존재화에 해당되어 10년 중 미경과한 기간에 해당하는 부가가치세를 반환해야 한다.

☞ 이러한 부가가치세 반환 또는 추징문제는 상가건물이 부가가치세법상 감가상각이 완료되는 기간(10년) 내에 간이과세자로의 변경, 면세전용, 폐업 등의 사유로 인해 더 이상 부가가치세가 발생하지 않은 경우에 발생한다고 결론 내릴 수 있다.

3. 실전 사례

경기도 일산에서 살고 있는 용수철 씨는 다음과 같은 상가를 취득하려고 한다.

<자료>
· 토지공급가액 : 2억 원
· 건물공급가액 : 2억 원
· 부가가치세 별도

Q¹. 이 경우 부가가치세는 얼마인가?

부가가치세는 건물공급가액의 10%인 2천만 원이 된다.

Q². 용 씨는 일반과세사업을 영위하고 있다. 그가 이 상가를 취득하면 부가가치세 환급을 받을 수 있다. 만일 3년 후에 이를 면세업으로 전환하는 경우에 부가가치세는 반환해야 하는데 그 이유는 무엇인가?

용 씨가 일반과세자로 사업을 시작하면 위 부가가치세 2천만 원은 환급이 가능하다. 하지만 3년 후에 이를 면세로 전용하는 경우에는 10년 중 미경과한 과세기간에 해당하는 부가가치세(1,400만원 상당액+가산세)는 반환해야 한다. 면세사업의 경우에는 사업자가 부가가치세를 면세받기 때문에 면세로 전용된 후에는 부가가치세가 나오는 거래가 중단되어 이같은 불이익을 받는다.

☞ 과세재화의 면세전용(자가공급의 한 유형)

자기의 사업과 관련해 생산하거나 취득한 재화를 자기의 면세사업을 위해 직접 사용·소비한 것은 재화의 공급으로 본다. 예를 들어 부동산 임대용 건물을 학원이나 병원 등 면세사업용으로 전환하는 경우 이를 재화의 공급으로 보아 부가가치세를 과세한다. 참고로 이렇게 면세사업에 전용해 공급으로 의제되는 경우에는 세금계산서 발급의무가 없다.

Q3. 용 씨는 면세사업을 영위하고 있다. 그가 이 상가를 취득하면 부가가치세 환급은 받을 수 없다. 만일 3년 후에 이를 과세업으로 전환하는 경우에 부가가치세를 환급받을 수 있을까?

앞의 물음 2와 반대의 상황이다. 즉 용 씨가 면세사업자로 시작한 경우에는 2천만 원은 환급을 받지 못한다. 하지만 3년 후에 과세사업으로 전환하는 경우에는 당초 불공제된 부가가치세액을 환급할까? 이에 대해 세법은 과세사업에 사용하던 재화를 면세사업에 사용하는 경우 재화의 공급으로 보아 과세하는 논리와 동일하게 면세사업에 사용하던 감가상각자산을 과세사업에 사용하는 경우에도 취득 시 공제받지 못했던 매입세액 중 일부를 다음과 같은 산식에 따라 공제한다.

1. 건물 또는 구축물
공제되는 세액=취득 당시 해당 재화의 면세사업과 관련해 공제되지 아니한 매입세액×(1－5/100×경과된 과세기간의 수)

2. 기타의 감가상각자산
공제되는 세액=취득 당시 해당 재화의 면세사업과 관련해 공제되지 아니한 매입세액×(1－25/100×경과된 과세기간의 수)

☞ 사례의 경우에 이를 적용하면 다음과 같다. 3년은 과세기간(연간 2회)으로 환산하면 6과세기간과 같다.

· 2천만 원×(1-5/100×6과세기간)=1,400만 원

상가를 최초분양 받은 경우에는 분양회사에서 부가가치세를 결정해 주기 때문에 이에 대한 문제점이 별로 없으나 기존 상가를 매입한 경우에는 부가가치세 파악이 쉽지 않아 이에 대해 다양한 문제점이 발생한다. 따라서 기존 상가를 매입하기 전에 이에 대한 해결방법을 이해하고 있는 것이 좋다. 이하에서 살펴보자.

1. 기존 상가를 구입한 경우의 부가가치세 처리방법

다음과 같은 두 가지 방법 중 하나를 선택하도록 한다.

1) 첫 번째 방법

건물가격과 토지가격을 계약서상에 분리한다. 다만, 세법은 계약서상의 금액을 일단 시가로 인정하나 이의 구분이 불합리한 경우에는 이를 인정하지 않는다.

〈사례〉

L씨는 이번에 상가를 양도하려고 한다. 그런데 상가의 매수인이 다음과 같이 토지와 건물가액을 인위적으로 정해 계약하기를 원한다. 매수인이 일반과세자/간이과세자/면세사업자/비사업자인 경우 세무상 쟁점은?

구분	금액	비고
토지가액	2억 원	토지기준시가 1억 원
건물가액	1천만 원	건물기준시가 5천만 원
건물부가가치세	100만 원	
계	2억 1,100만 원	

① 매수인이 일반과세자인 경우

매수인이 일반과세자인 경우 앞의 부가가치세 100만 원은 환급대상
이 된다. 따라서 일반과세자의 경우 대부분 환급이 가능하므로 세무
상 문제가 없는 경우가 일반적이다. 하지만 기준시가 비율로 계산한
것과 30% 이상 차이 나면 기준시가 비율로 안분계산할 수 있음에 유
의해야 한다(108페이지 참조).

② 매수인이 간이과세자/면세사업자/비사업자인 경우

매수인이 간이과세자, 면세사업자, 비사업자인 경우 앞의 부가가치세
100만 원은 환급대상이 되지 못한다. 따라서 이러한 상황에서는 국가
는 가급적 부가가치세를 제대로 징수하는 것이 원칙이므로 앞의 거
래를 부인하고 정상적인 거래가액을 산정해 부가가치세를 다시 거두
려고 할 것이다. 이때는 보통 '기준시가 비율'로 거래금액을 안분해
부가가치세를 산정한다. 따라서 사례의 경우 토지와 건물의 공급가
액은 다음과 같이 구분된다.

매매가액	공급가액 구분
2억 1천만 원	·토지공급가액 = 2.1억 원×(1억 원/1.5억 원)=1.4억 원
	·건물공급가액 = 2.1억 원×(0.5억 원/1.5억 원) = 0.7억 원

이렇게 계산한 결과 건물의 공급가액이 7천만 원이 되므로 이 금액의
10%인 700만 원이 부가가치세가 되는 셈이 된다.

☞ 토지와 건물의 공급가액을 어떤 식으로 정하느냐에 따라 부가가
  치세의 크기가 좌우된다. 만일 인위적으로 공급가액을 정하는 경
  우에는 조세회피의 가능성이 있는 것으로 보아 세무조사 등이 뒤
  따를 수 있으므로 이에 주의해야 한다.

2) 두 번째 방법

앞의 첫 번째 방법이 여의치 않은 경우에는 상가의 전체양도가액을
기준시가(만일 감정평가액이 있는 경우 감정평가액을 우선 적용)를 이용

해 안분계산한다. 그런데 안분하는 방법도 계약금액이 부가가치세가 포함되어 있는가, 아닌가에 따라 달라진다. 이에 대해서는 다음 사례를 통해 알아보자.

2. 기존 상가를 구입한 경우의 부가가치세 계산 사례

A는 건물가격과 토지가격을 구분할 수 없어 부가가치세를 포함한 총 3억 원에 건물을 구입했다. 자료가 다음과 같다고 할 때 A가 임대사업자로서 환급받을 수 있는 부가가치세는 얼마일까?

〈자료〉
· 토지기준시가(공시지가) : 1억 원
· 건물기준시가(국세청자료) : 1억 5천만 원
  계 : 2억 5천만 원

1) 부동산을 일괄공급하는 경우로 그 공급가액에 부가가치세가 포함되어 있지 않은 경우

이 경우의 과세표준과 부가가치세는 다음과 같이 계산한다.

＊건물에 대한 과세표준

$$= 일괄공급가액 \times \frac{건물기준시가}{토지기준시가 + 건물기쥰시가}$$

이 산식에 앞의 숫자를 대입해보면,

$$= 3억 원 \times \frac{1억 5천만 원}{1억 원 + 1억 5천만 원} = 1억 8천만 원$$

건물에 대한 과세표준은 1억 8천만 원이 되므로 이에 10%를 곱하면 건물에 대한 부가가치세는 1,800만 원이 된다.

한편 토지가액은 다음과 같이 구할 수 있다.

· 3억 원 – 1억 8천만 원=1억 2천만 원

따라서 총거래금액은 앞의 3억 원에 부가가치세 1,800만 원을 더한 3억 1,800만 원이 된다.

2) 부동산을 일괄공급하는 경우로 그 공급가액에 부가가치세가 포함되어 있는 경우

이 경우 건물의 과세표준은 다음과 같이 계산한다.

---

* 건물에 대한 과세표준

$$= \text{일괄공급가액} \times \frac{\text{건물기준시가}}{\text{토지기준시가} + (\text{건물기준시가} + \text{건물기준시가} \times 10\%)}$$

이 산식에 앞의 숫자를 대입해보면,

$$= 3\text{억 원} \times \frac{1\text{억 5천만 원}}{1\text{억 원} + (1\text{억 5천만 원} + 1\text{억 5천만 원} \times 10\%)} = 169,811,321\text{원}$$

건물에 대한 과세표준은 169,811,321원이 되므로 이에 10%를 곱하면 건물에 대한 부가가치세액 16,981,132원이 나오는 것을 알 수 있다.

한편 토지가액은 다음과 같이 구할 수 있다.

· 3억 원 – 169,811,321원 – 16,981,132원(부가가치세) = 113,207,547원

결국 3억 원은 다음과 같이 구성된 것으로 볼 수 있다.

- 건물가격 : 169,811,321원
- 건물부가가치세 : 16,981,132원
- 토지가격 : 113,207,547원
  계 : 300,000,000원

※ 토지와 함께 공급한 건물 등의 공급가액 안분계산(부가가치세 집행기준 29-64-1)

토지와 건물을 일괄공급한 경우 어떤 식으로 공급가액을 안분하는지 정리를 확실히 해두기 바란다.

구분	공급가액 계산방법
① 실거래가액이 모두 있는 경우	· 구분된 건물 등의 실지거래가액
② 감정평가액이 모두 있는 경우	· 감정평가법인이 평가한 감정평가액에 비례해 안분계산
③ 기준시가가 모두 있는 경우	· 공급계약일 현재 기준시가에 비례해 안분계산
④ 기준시가가 일부 있는 경우	· 먼저 장부가액(장부가액이 없는 경우 취득가액)에 비례해 안분계산 · 기준시가가 있는 자산에 대해서는 그 합계액을 다시 기준시가에 비례해 안분계산
⑤ 기준시가가 모두 없는 경우	· 장부가액(장부가액이 없는 경우 취득가액)에 비례해 안분계산
⑥ 국세청장이 정한 공급가액 안분계산방법	· 토지와 건물 등의 가액을 일괄 산정·고시하는 오피스텔 등의 경우 → 토지의 기준시가와 국세청장이 고시한 건물의 기준시가에 비례해 안분계산 　* 국세청장이 고시한 건물의 기준시가 : 신축가격, 구조, 용도, 위치, 신축연도 등을 고려해 매년 1회 이상 국세청장이 산정·고시하는 가액(이하 이 항에서 같다) · 건축 중에 있는 건물과 토지를 함께 양도하는 경우 → 해당 건물을 완성해 공급하기로 한 경우에는 토지의 기준시가와 완성될 국세청장이 고시한 건물의 기준시가에 비례해 안분계산 · 미완성 건물 등과 토지를 함께 공급하는 경우 → 토지의 기준시가와 미완성 건물 등의 장부가액(장부가액이 없는 경우 취득가액)에 비례해 안분계산

☞ 앞의 경우 중 ③이 일반적인 상황에 해당한다.

제 **4** 장

상가·빌딩 보유·임대 시의
절세 가이드

01 상가와 보유세 개관

상가를 보유·임대하면서 발생하는 주요 세무상 쟁점들은 다음과 같다.

- 임대수입 관련 : 세금계산서 교부법, 임대차계약 관련 쟁점
- 임대비용 관련 : 재산세(일반과세와 중과세), 종합부동산세, 감가상각비
- 임대이익 관련 : 종합소득세

이하에서는 주로 재산세와 소득세를 중심으로 관련 내용들을 알아보자. 먼저 보유세부터 살펴보자. 상가를 보유하면 매년 6월 1일을 기준으로 해서 7월과 9월에 재산세가 나오고, 상가 부속 토지의 공시지가가 80억 원을 넘는 경우에는 종합부동산세가 12월 중에 부과된다. 상가의 경우, 재산세가 상당히 중요하다. 중과세제도가 있기 때문이다.

1. 기본 사례

K씨는 상가를 취득했다. 올해 재산세는 얼마를 예상하는가?

〈자료〉
- 매수가액 : 5억 원
- 6월 1일 현재 건물기준시가[14] : 1억 원
- 6월 1일 현재 토지기준시가 : 2억 원
- 공정시장가액비율 : 70%
- 세율 : 건물 0.25%, 토지 0.2%

일단 상가에 대한 보유세는 다음과 같은 방식으로 과세된다.

- 상가 재산세
- 건물에 대한 재산세 = 과세표준* × 재산세율(0.25%, 단일세율)
- 토지에 대한 재산세 = 과세표준* × 재산세율(0.2~0.4%, 3단계 누진세율)
  * 과세표준 = 기준시가 × 공정시장가액비율(건물 70%, 토지 70%, 주택 60%)

- 상가 종합부동산세
- 건물에 대한 종합부동산세 = 없음.
- 토지에 대한 종합부동산세 = 과세표준* × 종합부동산세율
  * 과세표준 = 기준시가 × 공정시장가액비율(2022년 100%)

물음에서는 재산세에 대해 언급하고 있다. 따라서 다음과 같이 계산한다.

---

14) 이 책에서는 기준시가를 지방세법상의 시가표준액과 같은 의미로 사용하고 있다.

구분	기준시가	공정시장가액비율	과세표준	세율	산출세액
건물	1억 원	70%	7천만 원	0.25%	17만 5,000원
토지	2억 원	70%	1억 4천만 원	0.2%	28만 원
계	3억 원	–	2억 1천만 원	–	45만 5,000원

☞ 참고로 재산세가 부과되면 지방교육세 등이 부가된다.

2. 건물과 토지에 대한 재산세 및 종합부동산세 세율

건물과 토지에 대한 재산세 및 종합부동산세 세율은 다음과 같다.

1) 건물

구분		재산세	종합부동산세
건축물	골프장·고급오락장용 건축물	4%	부과되지 않음.
	일정한 공장용 건축물	0.5%	
	위 외의 건축물	0.25%	
주택	별상	4%	·일반 : 0.6~3% ·중과 : 1.2~6%
	별장 외 주택	0.1~0.4%(4단계 누진세율)	

상가와 관련된 고급오락장 등은 사치성 재산에 해당되므로 높은 세율(4%, 중과세의 일종)로 재산세를 부과한다.

2) 토지

① 종합합산과세대상 토지(나대지)

종합합산과세란 개인이 보유한 나대지 등 종합과세대상 토지를 모두 합산해 과세하는 방식을 말한다.

재산세		종합부동산세	
과세표준	세율	과세표준	세율
5천만 원 이하	0.2%	15억 원 이하	1.0%
5천만 원~1억 원 이하	10만 원 + 5천만 원 초과금액의 0.3%	15억 원~45억 원 이하	1,500만 원 + 15억 원 초과금액의 2.0%
1억 원 초과	25만 원 + 1억 원 초과금액의 0.5%	45억 원 초과	7,500만 원 + 45억 원을 초과한 금액의 3.0%

② 별도합산과세대상 토지(상가부속 토지)

별도합산과세는 영업용 건물 토지에 대해 별도로 합산해 과세하는 방식을 말한다. 앞의 종합합산과세보다 세율이 저렴하다.

재산세		종합부동산세	
과세표준	세율	과세표준	세율
2억 원 이하	0.2%	200억 원 이하	0.5%
2억~10억 원 이하	40만 원 + 2억 원 초과금액의 0.3%	200억~400억 원 이하	1억 원 + 200억 원 초과금액의 0.6%
10억 원 초과	280만 원 + 10억 원 초과금액의 0.4%	400억 원 초과	2억 2천만 원 + 400억 원을 초과한 금액의 0.7%

③ 분리과세

분리과세는 저율 또는 고율로 과세하기 위해 종합합산과세와 별도합산과세되는 토지와 분리해 과세하는 방식을 말한다. 상가건물이 고급오락장 등 사치성 재산에 해당하는 경우, 4%의 고율로 재산세가 부과된다.

구분	재산세	종합부동산세
전·답·과수원·목장용지 및 임야	0.07%(1천분의 0.7)	
골프장 및 고급오락장용 토지	4.0%(1천분의 40)	부과되지 않음.
그 밖의 토지	0.2%(1천분의 2)	

분리과세된 토지 중 4%로 중과세되는 사치성 재산의 토지에 대해서는 종합부동산세를 부과하지 않는다.

※ 상가의 보유세 세율 요약

· 일반과세를 적용받는 경우

구분	재산세	종합부동산세
건물	0.25%	−
토지	0.2~0.4% (별도합산과세)	0.5~0.7% (단, 토지의 공시지가가 80억 원 초과 시 과세됨)

· 중과세를 적용받는 경우

구분	재산세	종합부동산세
건물	4%	−*
토지	4%(분리과세)	−*

* 상가건물과 토지에 대해 재산세가 중과세되는 경우에는 종합부동산세가 별도로 부과되지 않는다. 이미 재산세에서 중과의 불이익을 받았기 때문이다.

3. 실전 사례

서울에서 거주하는 김상가 씨는 도심에 15층짜리 건물을 소유하고 있는데, 그 부속 토지가 모두 별도합산과세대상에 해당하고, 건물은 기준시가로 20억 원, 토지는 공시지가로 100억 원 정도가 된다. 이 경우 보유세는? 단, 재산세와 종합부동산세의 과세표준을 정할 때 적용되는 공정시장가액비율은 각각 70%, 100%라고 가정한다.

앞의 물음에 대해 재산세와 종합부동산세를 계산하면 다음과 같다.

1) 재산세의 계산
· 건물재산세

· 과세표준 : 20억 원×공정시장가액비율(70%) = 14억 원
· 산출세액 : 14억 원×0.25% = 350만 원

· 토지재산세

· 과세표준 : 100억 원×공정시장가액비율(70%) = 70억 원
· 산출세액 : 280만 원+(70억 원-10억 원)×0.4% = 2,680만 원

· 계 : 3,030만 원

2) 종합부동산세의 계산

· 건물종합부동산세는 과세 제외됨.

· 상가 토지 종합부동산세

> · 종합부동산세 과세표준 : (100억 원-80억 원)×100%(공정시장가액비율)
> = 20억 원
> · 산출세액 : 20억 원×0.5% = 1천만 원

참고로 종합부동산세가 과세되는 구간은 재산세도 부과되어 이중과세가 된다. 따라서 이중과세를 조정해야 하며, 최종 종합부동산세 산출세액의 20%는 농어촌특별세로 과세된다.

한편 보유세는 기준시가에 연동되므로 기준시가가 증가하면 보유세가 증가될 수 있다. 그래서 다음과 같이 세부담상한제도를 운영하고 있다.

· 재산세 : 전년도 납부한 재산세액의 1.5배(150%)를 한도로 납부한다.

· 종합부동산세 : 올해의 재산세와 종합부동산세 합계액을 전년도에 납부한 보유세(재산세와 종합부동산세)의 1.5배(150%)를 한도로 한다.

※ 재산세와 종합부동산세에 부가되는 세금들

· 재산세 → 지방교육세(20%)가 부가된다. 지역자원시설세가 병기되기도 한다.

· 종합부동산세 → 농어촌특별세(20%)가 부과된다.

Tip 재산세와 종합부동산세 과세대상

보유세는 보유하고 있는 부동산에 대해 부과되는 세금이다. 재산세는 지방세, 종합부동산세는 국세로 되어 있다. 매년 6월 1일의 소유권이 있는 개인과 법인에 과세한다. 보유세 과세대상을 살펴보면 다음과 같다.

구분		재산세 과세대상	종합부동산세 과세대상
주택		① 주택 ② 별장	○(6억 원) ×
토지	분리과세	① 저율분리과세 : 전, 답, 과수원, 목장용지, 임야 중 일부 토지 ② 고율분리과세 : 골프장, 고급오락장용 부속 토지 ③ 기타분리과세 : 공장용지, 주택건설용 용지 등	×
	별도합산	① 영업용 건축물의 부속 토지로 기준면적 이내 토지 ② 건축물이 없더라도 건축물의 부속 토지로 보는 토지 등	○(80억 원)
	종합합산	① 나대지 ② 분리과세대상 토지 중 기준면적초과 토지 ③ 별도합산대상 토지 중 기준면적초과 토지 ④ 분리과세, 별도합산과세대상에서 제외된 모든 토지	○(5억 원)
기타		① 건축물 – 골프장, 고급오락장 – 도시의 주거지역 내의 공장용 건축물 등 ② 선박과 항공	×

☞ 상가가 고급오락장용으로 사용되면 건축물 및 토지(분리과세)에 대해 4%의 재산세가 부과된다. 따라서 이러한 상황에서 건축물은 당초부터 종합부동산세 과세를 배제하고 있고, 토지는 이미 분리과세로 높은 세율을 적용받았기 때문에 종합부동산세 과세대상에서 제외한다.

02
중개 시 알아야 할
재산세 중과세

상가를 재산세가 중과세되는 용도로 임대하면 건물에 대한 재산세 세율이 0.25%에서 4%로 16배 껑충 뛸 수 있다. 이하에서 재산세가 중과세되는 경우에 어떤 식으로 대처할 것인지 이에 대해 정리해보자.

1. 기본 사례

K씨는 다음과 같은 상가를 임대하려고 한다.

〈자료〉
· 6월 1일 현재 건물기준시가 : 5억 원
· 6월 1일 현재 토지기준시가 : 10억 원
· 공정시장가액비율 : 70%
· 세율 : 건물 0.25%, 4%, 토지 40만 원+2억 원 초과금액의 0.3%, 4%

Q¹. 앞의 건물과 토지에 대해 일반과세와 중과세가 적용된다고 가정했을 경우의 재산세를 비교하면?

건물의 경우 다음과 같이 재산세가 계산된다.

구분	기준시가	공정시장가액비율	과세표준	세율	산출세액
일반	5억 원	70%	3.5억 원	0.25%	87만 5,000원
중과	5억 원	70%	3.5억 원	4%	1,400만 원

토지의 경우 다음과 같이 재산세가 계산된다.

구분	기준시가	공정시장가액비율	과세표준	세율	산출세액
일반	10억 원	70%	7억 원	40만 원+2억 원 초과금액의 0.3%	190만 원
중과	10억 원	70%	7억 원	4%	2,800만 원

Q². 왜 재산세를 중과세할까?

고급오락장용 건물* 등은 사치성 재산에 해당하므로 이를 규제하는 차원에서 중과세를 적용한다.

* 이에 대한 범위는 취득세 중과세에서 본 것과 동일하다(99페이지 참조).

Q³. 공인중개사는 어떤 점에 주의해야 할까?

유흥주점으로 업종을 변경한 상가를 중개할 때 자칫 잘못하다간 임대인의 재산세가 0.25%에서 4%로 증가할 수 있다. 이렇게 될 때는 보통 '재산세는 임차인이 부담하기로 한다'라는 특약사항을 반드시 기재하고 임대계약을 해야 한다.

2. 재산세 중과세 요약

재산세 중과세와 관련된 내용을 정리하면 다음과 같다.

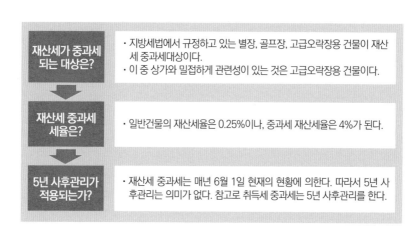

재산세가 중과세 되는 대상은?	· 지방세법에서 규정하고 있는 별장, 골프장, 고급오락장용 건물이 재산세 중과세대상이다. · 이 중 상가와 밀접하게 관련성이 있는 것은 고급오락장용 건물이다.
재산세 중과세 세율은?	· 일반건물의 재산세율은 0.25%이나, 중과세 재산세율은 4%가 된다.
5년 사후관리가 적용되는가?	· 재산세 중과세는 매년 6월 1일 현재의 현황에 의한다. 따라서 5년 사후관리는 의미가 없다. 참고로 취득세 중과세는 5년 사후관리를 한다.

※ 관련 예규 : 유흥주점 재산세 중과세 해당 여부(지방세운영과-1538, 2014. 05. 08)

【질의】

과세 기준일 현재 유흥접객원을 둔 사실이 없고, 고급오락장으로서의 실체를 갖추고 있지 않는 경우 재산세 중과세 해당 여부

【회신】

가. '지방세법' 제13조 제5항 제4호 및 동법 시행령 제28조 제5항 제4호에서는 재산세를 중과세하는 유흥주점 영업장을 규정하면서 ① 식품위생법 제37조에 따른 허가 대상인 유흥주점 영업으로써, ② 유흥접객원을 둬야 하며, ③ 별도로 반영구적으로 구획된 객실의 면적이 영업장 전용면적의 100분의 50 이상이거나, 객실 수가 5개 이상인 영업장소를 말한다고 규정하고 있다.

나. 따라서 앞의 세 가지 요건이 모두 충족되어야만 재산세를 중과할

수 있다고 할 것이므로 과세 기준일 현재 유흥접객원을 둔 사실이 없었다는 점과 고급오락장으로서 실체를 갖추지 않고 있다는 점이 명백한 경우에는 재산세 중과세 요건을 충족한다고 볼 수 없을 것이나, 이에 대한 구체적인 사실관계는 해당 과세권자가 직접 확인해 최종 판단해야 할 것이다.

3. 실전 사례

K씨는 유흥주점이 포함되어 있는 건물의 건물주다. 그런데 이 건물에 대해 재산세가 중과세되고 있는데, 이 세금은 임차인이 대납하고 있다.

Q[1]. 임차인이 대납하고 있는 재산세 중과세분에 대해 증여세가 나오는가?

임차인이 아무런 조건 없이 건물주가 납부해야 할 세금을 대신 납부했다면 증여세가 부과될 수 있다. 하지만 임대차계약에 의한 경우라면 증여세 대신 사업소득세가 부과될 것으로 보인다.

Q[2]. 임차인이 대납하고 있는 재산세 중과세분에 대해 부가가치세가 부과되는가?

임대인 명의로 부과된 재산세를 임대차계약에 의해 임차인이 부담하기로 한 경우 당해 금액은 부동산 임대대가에 포함되어 부가가치세가 과세된다. 따라서 이 경우에는 임차인에게 세금계산서를 발급하는 것이 원칙이다.

※ 관련 예규 : 서면3팀-705, 2005. 05. 21.

【질의】

임대차계약서에 재산세 등 중과세분에 대한 부담자가 별도 표시되어 있지 아니한 경우 세금계산서를 발급하여 청구할 수 있는지.

【회신】

사업자가 부동산을 임대하고 지방세법에 의하여 임대인이 부담하여야 할 당해 임대부동산에 대한 재산세를 임차인에게 부담시킨 경우 당해 재산세상당액은 임대용역에 대한 대가로써 부가가치세가 과세되는 것이며, 부가가치세를 누가 부담하는지는 계약내용에 따라 당사자 간에 해결할 사항임.

Tip 재산세 중과에 따른 대책

지방세법 제13조 제5항에 규정된 고급오락장용 건물을 보유하고 있으면 재산세가 4%까지 부과된다. 일반건물의 재산세율 0.25%에 비하면 최대 16배가 많은 셈이다.

> 2. 건축물(2010. 03. 31 개정)
> 가. 제13조 제5항에 따른 골프장, 고급오락장용 건축물 : 과세표준의 1천분의 40(2016. 12. 27 개정)

따라서 상가나 빌딩 소유자들은 임대차계약을 맺을 때 재산세 중과세분은 임차인이 부담하도록 하는 문구를 기재하도록 해서 향후 분쟁이 발생하지 않도록 하는 것이 좋을 것으로 보인다.

Tip 중개 시 알아야 할 개별소비세

개별소비세는 특별소비에 부과되는 세금으로 통상 임차인이 내는 세금에 해당한다. 개별소비세는 다음과 같은 행위에 대해 부과된다.

① 과세유흥장소에서의 소비(요금의 10%)
- 유흥주점
- 외국인 전용 유흥음식점
- 그 밖에 이와 유사한 장소

② 과세장소에 입장(일정 금액)
- 경마장
- 경륜장(장외매장 포함)·경정장(장외매장 포함)
- 투전기를 설치한 장소
- 골프장
- 카지노

③ 과세물품의 소비

☞ 상가와 관련된 개별소비세 과세대상은 주로 앞의 ①이 해당한다.

03
상가임대와
부가가치세의 계산

일반과세자가 상가를 임대 시 임대료의 10%, 임대보증금에 대해서는 이자상당액의 10%만큼 부가가치세가 발생한다. 후자를 간주임대료에 대한 부가가치세라고 한다. 이하에서는 주로 일반과세자가 임대하는 경우의 임대료에 대한 부가가치세를 계산해보자.

1. 기본 사례

K씨는 상가를 전세보증금 5천만 원에 월세 200만 원(VAT 별도)을 수령하는 조건으로 임대차계약을 맺었다. 과세기간 초에 임대한 것으로 가정하면 1과세기간의 부가가치세는 얼마인가? 단, 간주임대료에 대한 부가가치세를 계산할 때 적용되는 이자율은 1.2%라고 하자.

앞의 물음에 대한 답을 찾아보면 다음과 같다.

① 월세에 대한 부가가치세
  · 200만 원×10%×6개월=120만 원

② 간주임대료에 대한 부가가치세
  · 간주임대료 : (5천만 원×1.2%)×181일/365일=297,534원
  · 간주임대료에 대한 부가가치세 : 297,534원×10%=29,753원

③ 계
  · 120만 원+29,753원=1,229,753원

※ 부가가치세법 집행기준 29—65—1(부동산 임대용역에 대한 공급가액 계산)

사업자가 부동산 임대용역을 제공하고 전세금 또는 임대보증금을 받은 경우에는 금전 이외의 대가를 받은 것으로 보아 다음 산식에 의해 계산한 금액(간주임대료)을 공급가액으로 한다.

$$전세금\cdot임대보증금 \times 과세대상\ 기간의\ 일수 \times \frac{1년\ 정기예금이자율}{365(윤년\ 366)} = 공급가액$$

  · 기간별 정기예금이자율(예정신고기간 또는 과세기간종료일 현재
    를 기준으로 적용)

변경일자	2020. 1. 1	2021. 1. 1	2022. 1. 1	2023. 1. 1
적용 과세기간	2020년 1기 예정부터	2021년 1기 예정부터	2022년 1기 예정부터	2023년 1기 예정부터
정기예금 이자율(%)	1.8%	1.2%	미정	미정

Q. 앞의 간주임대료에 대한 부가가치세는 누가 부담하는가?

간주임대료에 대한 부가가치세는 특약이 없는 한 임대자가 부담하는 것이 원칙이다. 참고로 간주임대료에 대해서는 세금계산서를 발부할 수 없다. 따라서 특약에 의해 임차인이 이에 대해 부담하는 경우에는 세금계산서를 발급받지 못하므로 환급을 받지 못한다(비용처리는 가능).

※ 일반과세자 대 간이과세자의 부가가치세 비교

구분	일반과세자	간이과세자
부가가치세 계산구조	매출세액-매입세액	공급대가×부가율×10%-각종 세액공제
환급 여부	가능함.	불가능함.
세금계산서 발급의무	있음.	없음.
신고·납부방법	·법인은 분기당 1회 신고 및 납부 ·개인은 반기당 1회 신고 및 납부	·간이과세자는 연간 1회 신고 및 납부 (단, 연간매출이 4,800만 원에 미달 시 납부 의무를 면제함)

2. 실전 사례

일반과세자인 K씨는 상가임대차에 대한 계약을 다음과 같이 체결했다.

구분	임대보증금	월 임대료	비고
임대료	1억 원	2,000,000원	관리비는 실비정산

Q¹. 매월 발급해야 하는 세금계산서상의 공급가액은 얼마인가?

매월 받는 임차료 200만 원의 10%에 상당하는 부가가치세를 포함해 세금계산서를 발급해야 한다.

Q². 매월 25일자로 임대료를 받기로 했으나 입금이 안 되어 세금계산서를 발급하지 않았다. 문제는 없는가?

부동산 임대용역의 경우 '대가를 받기로 한 날'이 부가가치세법상의 공급시기가 되므로 매월 25일을 기준으로 세금계산서를 발급해야 한다. 만일 이를 위배해 세금계산서가 발급되면 '사실과 다른 세금계산서'로 보아 가산세 등이 부과될 수 있음에 유의해야 한다(거래상대방은 매입세액불공제됨).

Q³. K씨는 현재 일반과세자인데 간이과세자로 할 수 없을까? 이때 주의할 점은?

K씨의 연간 총임대료는 월 임대료 합계 2,400만 원과 간주임대

료 등을 합해 4,800만 원에 미달하므로 간이과세자 수준에 해당한다. 따라서 간이과세자로 과세유형이 변경될 수 있다. 하지만 이때 주의할 점은 다음과 같다.

· 상가 매입 시 부가가치세를 환급받은 지 10년이 지나지 않았다면 환급받은 부가가치세 중 일부를 추징당할 수 있다.
· 임대인이 간이과세자로 전환된다면 간이과세자인 임대인은 세금계산서를 발급할 수 없고 10%의 부가가치세를 별도로 거래 징수할 수 없다.
· 임차인은 임대인으로부터 세금계산서를 수취하지 못해 10%의 부가가치세를 공제받지 못하게 되어 거래를 기피하게 된다.

Tip 상가임대료 인하에 따른 세제혜택

최근 경제상황을 타개하기 위해 상가 임대인들이 자발적으로 임대료를 인하한 경우 부가가치세와 소득세·법인세 공제혜택을 부여하고 있다. 예를 들어 소득세의 경우 아래와 같이 공제를 적용한다. 참고로 이러한 제도들은 수시로 개정·신설됨을 알아두기 바란다.

· **공제기간**
 (당초) '20.1 . 1 ~ '21. 6. 30 → (개정) '20. 1. 1 ~ '22. 6. 30

· **소득공제율**
 '21년 임대료 인하분부터 공제율이 70%로 상향됨.
 (당초) 50% → (개정) 70%(단, 종합소득금액 1억 원 초과자는 50%)

04
임대료에 대한 세금계산서 발급방법

상가를 임대할 때 임대료나 관리비 등에 대해 세금계산서를 어떤 식으로 발급하는지 알아보자. 임대료 등에 대한 세금계산서 발급은 수입금액의 크기를 결정한다는 점에서 중요성이 있다.

1. 기본 사례

다음 세금계산서 양식을 보고 물음에 대한 답을 찾아보자.

Q¹. 세금계산서 작성연월일은 언제를 기준으로 하는가?

세금계산서 작성연월일은 임대용역의 공급시기를 말한다. 세법은 '임대료를 받기로 한 날'을 공급시기로 보고 있다. 따라서 계약서상에 기재된 날에 세금계산서를 발급하는 것이 원칙이다.

세금계산서(공급자보관용)

책 번 호 [권] [호]
일 련 번 호 [ ][ ] - [ ][ ][ ][ ]

공급자	등록번호	-	-		공급받는자	등록번호		
	상호(법인명)		성명(대표자)			상호(법인명)		성명(대표자)
	사업장 주소					사업장 주소		
	업 태		종 목			업 태		종 목

작성			공 급 가 액	세 액	비 고
연 월 일 공란수	조 천 백 십 억 천 백 십 만 천 백 십 일		천 백 십 억 천 백 십 만 천 백 십 일		

월 일	품 목	규 격	수 량	단 가	공 급 가 액	세 액	비 고

합 계 금 액	현 금	수 표	어 음	외상 미수금	이 금액을 영수/청구 함

Q². 매월 25일자로 임대료를 받기로 했으나 입금이 30일에 되어 이 날을 기준으로 세금계산서를 발급했다. 문제는 없는가?

그렇지 않다. 원칙적으로 입금 여부와 관계없이 '25일'자를 기준으로 세금계산서를 발급해야 한다. 참고로 대가를 주고받기로 한 날 전에 미리 선금을 받은 경우에는 이를 기준으로 발급하는 경우에도 법적으로 문제가 없다(선세금계산서에 해당).

Q³. 임대사업자의 전자세금계산서 발급의무는?

법인사업자와 임대료가 2억 원(2022년 이후 1억 원)이 넘는 개인사업자는 전자적 방법으로 세금계산서를 발급해야 한다. 또한 전자세금계산서는 발급일의 다음 날까지 이를 거래 상대방에게 전송해야 한다. 이를 어긴 경우에는 가산세 제재가 있으므로 주의해야 한다.

2. 세금계산서 발급 효과

상가임대 시 세금계산서 발급은 거래상대방에 따라 다양한 효과를 발생시킨다.

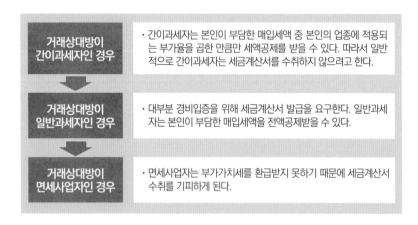

거래상대방이 간이과세자인 경우
· 간이과세자는 본인이 부담한 매입세액 중 본인의 업종에 적용되는 부가율을 곱한 만큼만 세액공제를 받을 수 있다. 따라서 일반적으로 간이과세자는 세금계산서를 수취하지 않으려고 한다.

거래상대방이 일반과세자인 경우
· 대부분 경비입증을 위해 세금계산서 발급을 요구한다. 일반과세자는 본인이 부담한 매입세액을 전액공제받을 수 있다.

거래상대방이 면세사업자인 경우
· 면세사업자는 부가가치세를 환급받지 못하기 때문에 세금계산서 수취를 기피하게 된다.

Q. **일반과세자는 앞의 거래상대방에 따라 세금계산서 발급을 달리할 수 있을까?**

아니다. 일단 세법은 임대사업자가 과세사업자에 해당하면 무조건 세금계산서 발급의무를 두고 있으므로 만일 세금계산서 발급을 하지 않으면 이에 대한 가산세를 부과한다. 심지어 거래상대방이 사업자등록을 하지 않은 경우에도 세금계산서를 발급하는 것을 원칙으로 하고 있다.

3. 실전 사례

Q¹. K씨는 1년간 임대 중에 임대료 5개월분을 받지 못했다. 이 경우 이를 제외하고 부가가치세 신고를 해도 되는가?

아니다. 사업자가 재화 또는 용역을 공급하는 경우에는 대가수령 여부에 상관없이 공급시기는 재화 또는 용역을 공급하는 때다. 따라서 사례의 경우 12개월 임대수익에 대해 부가가치세 신고를 해야 한다.

Q². A는 임대인, B는 임차인이다. A와 B의 계약은 2022년 2월까지이나 B가 개인적인 이유로 2021년 12월 폐업신고를 하고 더 이상 사업을 하지 않고 있다. A는 2022년 1, 2월 월세를 보증금에서 제외할 예정이다. 이 경우 세금계산서는 발급하지 않아도 되는가?

아니다. 부동산 임대업자가 임차인으로부터 월세를 받지 아니한 때(미수금)에도 세금계산서를 발급하고, 그 공급시기가 속하는 과세기간에 부가가치세를 신고·납부해야 한다. 참고로 B가 폐업신고를 했으므로 사업자등록번호가 아닌 B의 주민등록번호로 세금계산서를 발급해야 한다.

> ※ **관련 예규 : 부가-4583, 2008. 12. 3**
> 부동산 임대업을 영위하는 일반과세자가 실질적으로 임대용역을 제공하는 경우에는 그 대가의 영수 여부와 관계없이 그 공급시기에 임차인에게 세금계산서를 발급하고 부가가치세를 신고·납부해야 하는 것임.

Q³. K씨는 일반과세자로 임대업을 영위하고 있다. 그는 관리비에 대해서는 별도의 세금계산서를 발급하지 않고 있다. 문제가 없는가?

원칙적으로 발급하는 것이 맞다. 세법은 사업자가 부가가치세가 과세되는 부동산 임대료와 당해 부동산을 관리해주는 대가로 받는 관리비 등을 구분하지 아니하고, 영수하는 때는 전체 금액에 대해 과세하기 때문이다. 다만, 임차인이 부담해야 할 보험료·수도료 및 공공요금 등을 별도로 구분징수해 납입을 대행하는 경우, 당해 금액은 부동산 임대관리에 따른 대가에 포함하지 아니한 것으로 보므로 이런 금액은 세금계산서 발급 시 제외할 수 있다(부가가치세법 기본통칙 13-48-3).

Q⁴. K씨는 1년분 임대료를 선불로 받았다. 이 경우 세금계산서는 어떻게 발급해야 하는가?

사업자가 둘 이상의 과세기간에 걸쳐 부동산 임대용역을 공급하고, 그 대가를 선불이나 후불로 받는 경우에는 해당 금액을 계약기간의 개월 수로 나눈 금액의 각 과세대상기간의 합계액을 공급가액으로 한다.

· 과세표준 = 선불 임대료×각 과세기간 월수/계약기간 월수

Q⁵. K씨는 임대인의 동의를 얻어 전대차를 했다. 이 경우 세금계산서는 어떤 식으로 발급해야 하는가?

K씨와 전차인에게 세금계산서를 발급해주고, 전차인은 전대인에게 부가가치세 10%를 지급해야 한다.

05
유·무상 상가임대차계약 시의 부가가치세 처리법

상가임대 시 발생하는 부가가치세는 임대차계약에 따라 그 내용이 달라지는 경우가 많다. 이하에서는 이와 관련된 다양한 사례들을 살펴보자.

1. 기본 사례

K씨는 현재 상가 하나를 미용실로 임대 중인데 임대차계약 시 부가가치세에 대한 언급 없이 월 60만 원을 받기로 했다. K씨는 부가가치세는 당연히 별도로 있는 것으로 알고 계약서에 이 내용을 기재하지 않았는데, 임차인은 내지 않겠다고 버티고 있다. 임차인은 간이과세자이고, K씨는 일반과세자다.

Q¹. 계약서에 부가가치세 표시가 되어 있지 않으면 누가 부담해야 하는가?

부동산 임대계약서상 월세 60만 원에 대해 공급가액과 부가가치세액이 별도 표시되어 있지 아니한 경우 또는 부가가치세가 포함되어 있는지 불분명한 경우에는 거래금액의 110분의 10에 상당하는 금액을 당해 공급에 대한 부가가치세로 거래징수한 것으로 보아 부가가치세를 신고·납부해야 한다. 따라서 사례의 경우에는 임대인 K씨가 납부해야 한다.

> **※ 관련 예규 : 부가46015-2088, 1999. 7. 21**
>
> 사업자가 부가가치세가 과세되는 재화 또는 용역을 공급하는 경우에는 당해 공급에 대한 부가가치세를 그 공급을 받는 자로부터 징수하여야 하는 것이나 그 대가로 받은 금액에 공급가액과 부가가치세액이 별도 표시되어 있지 아니할 경우와 부가가치세가 포함되어 있는지 불분명한 경우에는 거래금액 또는 영수할 금액의 110분의 10에 상당하는 금액을 당해 공급에 대한 부가가치세로 거래징수한 것으로 보는 것이며 당해 부가가치세를 별도로 구분하여 거래징수할 것인지 또는 거래금액에 포함하여 거래징수할 것인지는 계약당사자 간에 결정할 사항임.

Q². K씨의 부담이라면 부가가치세는 얼마인가?

부동산 임대차계약서상 월세 60만 원에 부가가치세가 포함된 것으로 볼 경우, 부가가치세 신고 시 '60만 원×10/110'에 상당하는 금액인 54,545원을 부가가치세로 보고 나머지 금액을 공급가액으로 본다.

Q³. 이러한 문제를 예방하기 위해서는 어떻게 해야 하는가?

월세 60만 원에 대해 부가가치세를 별도로 구분해 거래징수할 것인지, 또는 거래금액에 포함해 거래징수할 것인지 미리 결정해 계약서에 반영해둬야 한다.

2. 임대차계약의 형태에 따라 달라지는 부가가치세

임대차계약의 형태에 따라 달라지는 부가가치세 과세문제를 살펴보자.

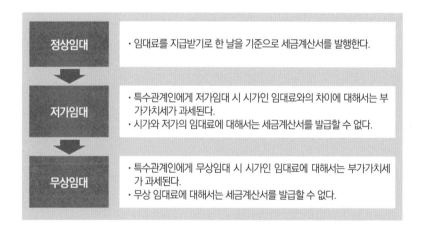

☞ 가족 등 특수관계인 간에 저가나 무상으로 임대 시에는 시가인 임대료를 기준으로 부가가치세와 종합소득세가 부과될 수 있다. 주의하기 바란다.

3. 실전 사례

서울 성동구에서 거주하고 있는 K씨는 부친의 상가를 무상으로 임차해서 커피전문점을 운영하려고 한다.

Q¹. 무상임대를 하면 부가가치세 문제는 없는가?

특수관계인 간의 거래가 아닌 경우에는 과세문제는 없으나 특수관계인 간의 거래의 경우에는 과세의 문제가 발생한다. 다음 예규를 참조하자.

> ※ 관련 예규 : 특수관계인 간의 무상임대에 대한 부가가치세 과세 여부(부가-123, 2014. 02. 17)
>
> 사업자가 대가를 받지 아니하고 타인에게 용역을 공급하는 것은 용역의 공급으로 보지 아니하나, 사업자가 '부가가치세법 시행령' 제26조 제1항에서 정하는 특수관계인에게 사업용 부동산의 임대용역을 공급하는 것은 용역의 공급으로 보아 부가가치세가 과세된다. 이 경우 부가가치세 과세표준은 같은 법 제29조 제4항 제3호에 따라 공급한 용역의 시가를 공급가액으로 보는 것이며, 시가를 과세표준으로 하는 경우에 정상적인 거래 시가와 낮은 대가와의 차액에 대하여 같은 법 제32조에 따른 세금계산서를 발급할 의무가 없다.

Q². 무상임대에도 부가가치세가 과세된다면 세금계산서는 어떻게 발급하는가? 그리고 부가가치세 신고는 어떻게 하는가?

특수관계인에게 무상임대를 한 경우에는 세금계산서 발급의무는 없다. 한편 무상임대료에 대한 부가가치세 신고는 서식의 기타 과세매출란에 기재해 신고한다.

Q3. 무상임대료에 해당하는 금액을 종합소득세 신고 시 총수입금액 에 산입해 신고해야 하는가?

부동산 임대소득이 특수관계인 간의 거래로 발생하고, 시가와 대가의 차이가 3억 원 이상이거나 시가의 5% 이상인 경우 부당행위 계산부인 규정이 적용된다. 따라서 무상임대도 이에 해당하므로 시가금액을 총수입금액에 산입해 신고·납부해야 한다(소득세법 제41조 등).

Q4. 앞과 무관하게 특수관계인 간에 문제가 없으려면 임대료는 어떤 식으로 결정해야 하는가?

시가에 맞게 결정해야 한다. 주변의 시세를 비교하면 좋을 것이다. 만일 이러한 자료를 갖추기 힘들다면 감정평가를 받아 진행하면 좋을 것으로 보인다.

Tip 임대차계약 시에 발생한 중개수수료와 부가가치세

중개사무소의 사업자등록이 일반과세자로 되었다면 수수료의 10%가 부가가치세가 된다. 따라서 이 금액을 추가로 지급한 후 세금계산서(현금영수증 포함)를 받게 된다. 한편 이를 수취한 상가임대사업자나 임차인은 본인의 사업자 유형이 일반과세자라면 10% 전액, 간이과세자라면 4% 정도 환급을 받을 수 있으나, 기타 면세사업자나 비사업자는 전액 환급을 받을 수 없다.

상가의 임대소득은 종합소득의 한 부분에 해당한다. 따라서 다른 종합소득이 발생하면 이를 합산해 6~45%로 과세된다. 이하에서는 상가임대소득의 과세원리 등에 대해 알아보자.

1. 기본 사례

K씨는 이번에 상가를 구입해 임대할 계획을 세우고 있다. 그런데 문제는 상가임대료에 대한 종합소득세가 상당히 많이 나올 것 같아 미리 대책을 강구하려고 한다. 그가 예상하는 연간 임대료수입은 3억 원 선이며, 비용은 인건비 등으로 조절이 가능하다고 한다. 만일 필요경비가 1억 원, 2억 원, 2.5억 원으로 변동하면 예상되는 소득세는 얼마일까? 단, 소득공제는 없다고 가정한다.

앞의 자료를 바탕으로 소득세를 계산해보자.

일단 종합소득세는 수입금액에서 필요경비를 차감한 소득금액 등을 기준으로 과세된다. 따라서 수입금액이 고정된 상태에서는 주로 필요경비의 크기에 따라 세액이 달라진다.

구분	① 필요경비가 1억 원인 경우	② 필요경비가 2억 원인 경우	③ 필요경비가 2.5억 원인 경우
수입금액	3억 원	3억 원	3억 원
− 필요경비	1억 원	2억 원	2.5억 원
= 소득금액	2억 원	1억 원	0.5억 원
×세율	38%	35%	24%
− 누진공제	1,940만 원	1,490만 원	522만 원
= 산출세액	5,660만 원	2,010만 원	678만 원

만일 필요경비가 1억 원이라면 소득금액은 2억 원이므로 이에 38%를 적용한 후 1,940만 원의 누진공제를 차감하면 산출세액은 5,660만 원이 나온다. 그리고 이 금액의 10%는 지방소득세로 별도 부과되므로 대략 6,226만 원 정도의 세금이 발생하는 셈이 된다. 하지만 필요경비가 증가하면 소득금액이 축소되므로 세금도 축소된다.

☞ 실무적으로 임대업 필요경비의 범위는 다른 업종에 비해 아주 좁다. 따라서 관리를 제대로 하지 못하면 소득세가 크게 나올 위험성이 있다.

2. 임대소득세 신고방법

임대소득세는 다음 해 5월 중에 종합소득세 신고기간에 신고해야한다. 임대소득세를 신고하는 방법에는 다음과 같은 것들이 있다.

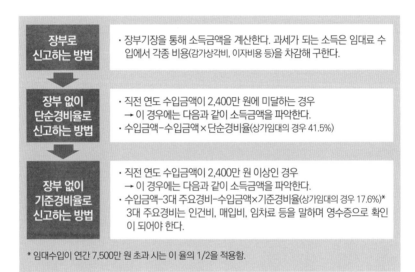

장부로 신고하는 방법	· 장부기장을 통해 소득금액을 계산한다. 과세가 되는 소득은 임대료 수입에서 각종 비용(감가상각비, 이자비용 등)을 차감해 구한다.
장부 없이 단순경비율로 신고하는 방법	· 직전 연도 수입금액이 2,400만 원에 미달하는 경우 → 이 경우에는 다음과 같이 소득금액을 파악한다. · 수입금액−수입금액×단순경비율(상가임대의 경우 41.5%)
장부 없이 기준경비율로 신고하는 방법	· 직전 연도 수입금액이 2,400만 원 이상인 경우 → 이 경우에는 다음과 같이 소득금액을 파악한다. · 수입금액−3대 주요경비−수입금액×기준경비율(상가임대의 경우 17.6%)* 3대 주요경비는 인건비, 매입비, 임차료 등을 말하며 영수증으로 확인이 되어야 한다.

* 임대수입이 연간 7,500만 원 초과 시는 이 율의 1/2을 적용함.

※ 임대사업자의 장부작성 의무
모든 사업자들은 세법에서 정하고 있는 장부작성 의무가 있다.
· 신규 사업연도는 간편장부대상자다.
· 전년도 임대수입금액이 7,500만 원 이상 시 복식부기의무자에 해당한다.
· 장부 미작성 시 무기장가산세 20%가 부과된다(단, 신규 사업자와 전년도 수입금액이 4,800만 원에 미달하는 사업자는 제외)

Tip 장부신고 대 추계신고의 실익 비교

상가임대사업자가 소득세를 신고하는 방법에 따른 실익을 알아보면 다음과 같다.

구분	기장의 경우	무기장 경우	
		기준경비율	단순경비율
개념	장부를 근거로 신고(원칙)	주요 3대 비용과 기준경비율로 신고하는 방법	단순경비율로 신고하는 방법
적용 대상자	모든 사업자	단순경비율 적용 이외의 사업자가 무기장 시 적용 가능	· 신규 사업자로서 수입금액이 업종별로 일정 금액(3억 원, 1.5억 원, 7,500만 원)에 미달하는 경우 적용 가능 · 계속사업자의 경우에는 전년도 수입금액이 업종별로 일정 금액(6천만 원, 3,600만 원, 2,400만 원)에 미달해야 함.
장점	· 실질에 맞게 세금을 납부할 수 있다. · 결손금을 인정받을 수 있다.	· 주요 3대 비용이 큰 경우 간편하게 신고할 수 있다.	· 간편하다. · 일반적으로 세금이 낮게 나온다.
단점	· 장부를 작성해야 한다. · 관리비용이 든다.	· 세금이 많이 나오는 경우가 일반적이다. · 가산세가 부과된다.	· 이용할 수 있는 상황이 제한적이다.

☞ 사업규모가 작은 경우에는 단순경비율을 우선적으로 검토하면 된다. 하지만 사업규모가 큰 경우는 장부작성을 우선적으로 검토해야 한다.

07
종합소득세
신고 단독명의

임대소득이 발생하면 이에 대해서는 매년 5월이나 6월(성실신고확인대상사업자의 경우) 중 소득세를 신고해야 한다. 이때 소득세는 다른 소득(근로소득 등)과 합산해 6~45%의 세율로 계산된다. 이하에서는 상가명의를 단독으로 하는 경우의 소득세 계산법부터 살펴보자.

1. 기본 사례

부산광역시에 살고 있는 K씨에게 다음과 같이 임대소득이 발생했다. 물음에 답하면(단, 물음들은 상호 독립적임)?

〈자료〉
· 수입 : 1억 원
· 비용 : 5천만 원(이자비용, 재산세 등)
· 소득공제 : 1천만 원

Q¹. 임대소득금액은 얼마인가?

임대소득금액은 수입에서 비용을 차감해서 계산하므로 1억 원에서 5천만 원을 뺀 5천만 원이 된다.

Q². 앞의 비용에 가사비용이 1천만 원이 포함되어 있다면 소득금액은 얼마로 수정되어야 하는가?

비용 중 1천만 원이 제외되어야 하므로 6천만 원이 소득금액이 된다.

Q³. 임대소득만 있을 경우 종합소득세는 얼마인가?

임대소득에 대한 종합소득세는 다음과 같이 계산한다.

구분	금액	비고
수입	1억 원	
- 비용	5천만 원	
= 이익(소득금액)	5천만 원	
- 종합소득공제	1천만 원	
= 과세표준	4천만 원	
×세율	15%	
- 누진공제	108만 원	
= 산출세액	492만 원	

Q⁴. 근로소득금액이 3천만 원이라면 종합소득세는 얼마나 증가할까?

근로소득이 있는 경우에는 다음과 같이 합산과세를 한다.

구분	임대소득	근로소득	계
수입	1억 원		
− 비용	5천만 원		
= 이익(소득금액)	5천만 원	3천만 원	8천만 원
− 종합소득공제			1천만 원
= 과세표준			7천만 원
×세율			24%
− 누진공제			522만 원
= 산출세액			1,158만 원

임대소득과 근로소득이 있는 경우 합산해 과세되므로 전체 세금은 1,158만 원이 나온다. 이를 임대소득금액과 근로소득금액 비율로 나누면 다음과 같이 세금이 나뉜다.

· 임대소득에서 발생하는 세금 = 1,158만 원 × $\dfrac{5천만 원}{8천만 원}$ = 약 724만 원

· 근로소득에서 발생하는 세금 = 434만 원(=1,158만 원−724만 원)

개인에게 금융소득(2천만 원 초과), 근로소득, 사업소득(부동산 임대소득 포함), 연금소득, 기타소득(기타소득금액 300만 원 초과) 등 6가지 소득이 발생하면, 이를 합산해 종합소득세를 신고 및 납부해야 한다. 소득세 계산구조는 위의 표를 참조하기 바란다.

2. 종합과세가 되면 세금이 증가하는 이유

임대소득만 있는 경우에는 사업소득에 대한 소득금액을 계산해 종합소득공제를 적용해 과세표준을 계산하고, 이에 세율을 곱해 산출세액을 계산하게 된다. 만일 근로소득 등이 있다면 근로소득금액 등을 합산해 산출세액을 계산해야 한다. 이때 개인의 소득에 대해 적용되는 세율은 8단계 누진세율(6~45%)이다. 따라서 소득이 증가되면 세율도 덩달아 올라가므로 소득세도 올라가게 된다. 예를 들어 근로소득과 사업소득의 과세표준이 각각 1억 원인 경우와 합산과세한 경우의 세금 차이를 비교하면 다음과 같다.

구분	개별과세 시			합산과세 시
	사업소득	근로소득	계	
과세표준	1억 원	1억 원	–	2억 원
×세율	35%	35%	–	38%
– 누진공제	1,490만 원	1,490만 원		1,940만 원
= 산출세액	2,010만 원	2,010만 원	4,020만 원	5,660만 원

이 결과를 보면 개별과세와 합산과세의 차이는 1,640만 원이 된다. 결국 임대소득에 대한 세금을 줄이기 위해서는 소득을 적절히 조절할 필요가 있다(다음 실전 사례 참조).

3. 실전 사례

K씨는 다음과 같은 상가건물을 가지고 있다.

구분	용도	비고
3층	사무실	
2층	사무실	
1층	근린생활시설	

Q1. 앞의 건물을 모두 임대해 임대소득금액 1억 원이 발생하는 경우 종합소득세는 얼마나 예상되는가?

1억 원에 대해 35%세율을 적용한 다음 누진공제 1,490만 원을 적용하면 종합소득세는 2,010만 원이 예상된다.

Q2. 만일 1층을 K씨가 음식점으로 운영하는 경우 임대소득금액은 5천만 원으로 줄어드나 음식점업에 의한 사업소득금액은 1억 원이 추가된다고 하자. 이 경우 세금은 얼마인가?

K씨 본인 명의로 음식점업을 영위하면 임대업과 음식점업의 소득금액을 합산해 과세하므로 3,760만 원이 발생한다.

> · 사업소득금액 = 1억 5천만 원(5천만 원+1억 원)
> · 산출세액 = 1억 5천만 원×35%-1,490만 원(누진공제) = 3,760만 원

Q³. 만일 1층의 음식점업을 배우자의 명의로 하는 경우 세금은 얼마나 나올까?

만일 1층 음식점을 본인이 아닌 배우자 명의로 한 후, K씨와 배우자 간에 임대차계약을 맺어 K씨의 임대소득금액은 1억 원이 되고, 배우자의 음식업에 의한 소득금액은 5천만 원이 된다고 하자. 이 경우에는 합산과세를 적용하지 않으므로 다음과 같이 2,688만 원이 발생한다.

구분	부동산 임대소득	1층 사업소득	계
납세의무자	K씨	K씨 배우자	
과세표준	1억 원	5천만 원	
×세율	35%	24%	
− 누진공제	1,490만 원	522만 원	
= 산출세액	2,010만 원	678만 원	2,688만 원

K씨가 임대업과 음식점업을 동시에 영위하는 경우에 비해 세금이 대략 1천만 원 정도 줄어 들었다. 하지만 이렇게 K씨 배우자 명의로 음식점업을 하게 되면 건강보험료가 추가되므로 이로 인해 세금 차이가 줄어들 수 있다.

Q⁴. K씨가 1층을 K씨 배우자에게 무상으로 임대하면 어떤 문제가 발생하는가?

세법은 특수관계인 간에 무상으로 임대차계약을 맺으면 정상임대료를 기준으로 부가가치세를 부과하고, 임대자에게는 부당행위계산으로 보아 해당 금액을 수입금액에 포함시켜 종합소득세를 부과한다.

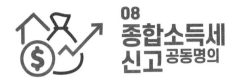

08 종합소득세 신고 공동명의

상가를 부부공동명의로 취득해서 임대하는 경우에는 세금을 절세할 수 있을 것인가? 이하에서는 상가를 부부공동명의로 구입해 임대하는 경우의 실익분석을 해보자.

1. 기본 사례

서울 송파구에 거주하고 있는 K씨는 그동안 벌어놓은 돈과 대출금을 합해 상가를 취득해 임대하려고 한다. 월세 등에 대한 내용은 다음과 같다.

〈자료〉
· 취득금액 : 5억 원(VAT 별도)
· 월세 : 250만 원(VAT 별도)
· 월 이자비용 등 : 100만 원

Q¹. **K씨에게 다른 소득이 없다면 소득세는 얼마나 될까? 단, 종합소득공제액은 500만 원이라고 가정하자.**

K씨에게 다른 소득이 없는 경우의 소득세는 다음과 같이 예상된다.

구분	금액	비고
소득금액	1,800만 원	수입−비용=3천만 원−1,200만 원=1,800만 원
− 소득공제	500만 원	가정
= 과세표준	1,300만 원	
×세율	15%	과세표준이 1,200만~4,600만 원 해당 시 적용되는 세율
− 누진공제	108만 원	
= 산출세액	87만 원	

Q². **K씨에게 근로소득(근로소득금액 3천만 원)이 있다면 소득세는 얼마나 증가할까? 단, 종합소득공제액은 500만 원이라고 하자.**

K씨에게는 두 가지 소득이 발생했으므로 이 둘의 소득금액을 합해 6~45%의 세율로 정산해야 한다.

구분	금액	비고
종합소득금액	4,800만 원	사업소득금액+근로소득금액=1,800만 원+3천만 원 =4,800만 원
− 소득공제	500만 원	가정
= 과세표준	4,300만 원	
×세율	15%	과세표준 1,200만~4,600만 원 사이의 세율
− 누진공제	108만 원	
= 산출세액	537만 원	

이 둘의 소득을 합산한 결과 소득세가 537만 원이 나왔다. 참고로 임대소득에서 발생된 세금은 다음과 같다.

· 임대소득에서 발생하는 세금 = 산출세액 × $\dfrac{\text{임대소득금액}}{\text{종합소득금액}}$

= 537만 원 × $\dfrac{\text{1,800만 원}}{\text{4,800만 원}}$ = 201만 원

이렇게 K씨가 근로소득이 있는 상황에서 부동산 임대소득을 추가한 결과, 임대소득에 대한 세금은 201만 원이 나왔다. 앞의 경우와 비교해볼 때 임대소득에 의해 세금은 114만 원(=201만 원-87만 원)이 증가했다.

Q3. K씨와 K씨 배우자가 공동명의(손익분배비율 50 대 50)로 등기를 하는 경우에는 소득세가 떨어질 것인가?

K씨에게 임대소득 외의 소득이 없는 상황에서 공동명의로 하면 소득이 분산되므로 단독명의로 한 것보다는 세금이 떨어질 가능성이 높다. 하지만 K씨에게 앞에서 본 근로소득이 있는 경우에는 세금이 어떤 식으로 변할지는 좀 더 분석할 필요가 있다. 분석의 편의를 위해 이 경우 K씨의 소득공제액은 500만 원, K씨 배우자의 소득공제액은 200만 원이라고 하자.

구분	K씨	K씨 배우자	계
종합소득금액	3,900만 원*	900만 원	
- 소득공제	500만 원	200만 원	
= 과세표준	3,400만 원	700만 원	
×세율	15%	6%	
- 누진공제	108만 원	0원	
= 산출세액	402만 원	42만 원	444만 원

* 근로소득금액+부동산 임대소득금액=3천만 원+1,800만 원/2=3,900만 원

앞의 물음 2에서 K씨의 명의로 하는 경우에 비해 연간 93만 원 (=537만 원-444만 원)이 줄어들었음을 알 수 있다. K씨 배우자에게로 소득이 분산되어 세금이 줄어들었기 때문이다. 다만, K씨 배우자의 경우 건강보험료가 별도로 부과될 수 있으므로 실무 적용 시 이 부분을 고려해야 한다(이에 대해서는 193페이지를 참조하기 바란다).

2. 공동임대사업자의 세금계산법

공동임대사업자의 세금계산은 어떤 식으로 하는지 이를 정리하면 다음과 같다.

참고로 공동사업자는 하나의 사업장을 동시에 사용하므로 각자의 소득을 어떤 식으로 배분하는지가 중요하다.

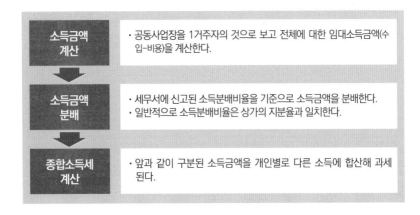

소득금액 계산	· 공동사업장을 1거주자의 것으로 보고 전체에 대한 임대소득금액(수입-비용)을 계산한다.
소득금액 분배	· 세무서에 신고된 소득분배비율을 기준으로 소득금액을 분배한다. · 일반적으로 소득분배비율은 상가의 지분율과 일치한다.
종합소득세 계산	· 앞과 같이 구분된 소득금액을 개인별로 다른 소득에 합산해 과세된다.

3. 실전 사례

L씨는 배우자와 함께 다음과 같이 상가를 구입해 임대하고자 한다.

〈자료〉
· 상가 구입금액 : 10억 원
· 상가 대출금액 : 5억 원
· 상가 취득 전 발생 이자 : 1천만 원
· 상가 취득 후 발생 이자 : 매년 2천만 원

Q1. 상가 취득 전 발생 이자는 당기비용인가? 취득원가인가?

상가 취득 전 발생 이자는 상가 취득가액이 된다. 이처럼 상가 취득가액에 포함되는 부대비용에는 취득세, 이자비용, 중개수수료 등이 있다(단, 양도소득세는 이자비용 불인정).

Q². 상가 취득 후 발생 이자는 세법상 비용으로 인정되는가?

공동사업에 출자하기 위해 대출받은 경우에 발생한 이자는 출자금에 대한 이자에 해당되어 필요경비에 산입되지 않지만, 사업용 자산의 취득을 위해 대출받아 발생한 이자는 사업용 부채에서 발생한 이자에 해당되어 필요경비로 인정되는 것이 원칙이다.

☞ 일부에서는 이에 대해 비용처리가 불가능하다고 하고 있으나 세무회계측면에서나 법률적인 측면(대법2011두15466, 2011. 10. 13)에서 보더라도 필요경비로 인정하는 것이 타당하다.

Q³. 1년 후에 해당 상가를 10억 5천만 원에 양도하는 경우 양도차익은 얼마인가? 단, 감가상각비는 계상하지 않았다.

양도차익은 양도가액에서 취득가액 등을 차감해서 계산한다. 양도가액은 10억 5천만 원이고, 취득가액은 10억 원(취득 전 이자 불포함)이므로 5천만 원이 된다. 이 경우 대출금액 등은 양도차익과 전혀 무관하다. 이는 자금결제수단에 불과하기 때문이다.

> 부동산 임대업을 영위하기 위해 금융기관으로부터 차입한 자금으로 건물을 취득한 경우 차입금에서 발생한 건설자금이자에 대해 종전해석은 이를 취득가액에 가산한다고 보았으나, 현재 해석은 특정차입금에 대한 지급이자를 원본에 가산하는 경우에도 필요경비에 해당하지 않는 것으로 본다(양도, 서면-2018-부동산-1729 [부동산납세과-599], 2019. 6. 10).

Tip 공동사업자의 건강보험료, 차량비, 이자비용 처리법

공동사업자의 경우 사업소득이 발생하는 공동사업장을 1거주자로 보아 해당 소득이 발생한 공동사업자별로 소득금액을 계산하는 것이 원칙이다. 그렇다면 공동사업자가 각자 지출하는 건강보험료 등은 비용으로 인정이 될까?

① 건강보험료
사업을 공동으로 경영하고 그 손익을 분배하는 공동사업장의 소득금액 계산 시 공동사업자의 건강보험료는 '소득세법 시행령' 제55조 제1항 제11호의 2 및 제11호의 3에 따라 공동사업장의 필요경비에 산입한다(기획재정부소득 – 443, 2017. 9. 18)

② 업무용 승용차 관련 비용
사업자들이 업무용으로 사용하는 승용차는 원칙적으로 1대당 1,500만 원(운행일지 미작성 시)까지 비용처리가 가능하다. 따라서 공동사업자가 소유한 차량도 이 원칙이 적용된다. 다만, 성실신고확인대상 사업자들은 1대를 제외한 나머지 차량은 모두 업무전용 자동차보험에 가입해야 앞과 같은 혜택을 받을 수 있다. 만일 이 보험에 가입하지 않으면 앞 금액의 50%만 비용으로 인정이 된다.

③ 이자비용
공동사업을 위해 차입한 부채에서 발생한 이자도 원칙적으로 사업소득 계산 시 필요경비로 인정이 된다. 다만, 출자 시 발생한 차입금에 대한 이자는 필요경비로 인정이 안 된다는 것이 과세관청의 입장이다(단, 저자는 가능하다고 본다. 저자의 카페로 문의).

09 종합소득세 신고 성실신고확인사업자

업종별로 매출액이 세법에서 정한 금액 이상이 되는 개인사업자들은 성실신고확인제도를 적용받게 된다. 그런데 이 제도를 적용받으면 전년보다 세금이 증가하는 것이 일반적이다. 매출 및 경비에 대한 투명성이 제고되기 때문이다. 그렇다면 이를 적용받는 사업자들은 어떻게 해야 세금관리를 제대로 할 수 있을까?

1. 기본 사례

K씨의 현재 연간 임대수입금액은 4억 원대 후반을 유지하고 있다. 다음 물음에 답하면?

Q¹. 부동산 임대업의 경우 성실신고확인제도의 적용기준은?

성실신고확인제도는 세무대리인으로 하여금 임대수입과 비용에 대해 건별로 이를 검증하도록 하는 제도를 말한다. 마치 외부 감사인이 재무제표에 대해 감사를 하는 것과 같은 모양새를 하고 있다. 이러한 과정을 통해 사업자들의 결산내용이 검증되고, 그에 따라 적정세수가 확보되는 효과를 누릴 수 있게 된다. 만일 이러한 업무를 성실하게 이행하지 않으면 사업자에게는 가산세가, 세무대리인에게는 업무정지 같은 징계가 뒤따르게 된다. 이에 대한 적용기준은 전년도의 수입금액을 기준으로 하고 있다. 부동산 임대업의 경우 '5억 원'이 기준금액이 된다.

구분	성실신고확인제도 적용기준금액	비고
1차산업, 도소매업 등	20억 원	
음식점업/건설업 등	10억 원	
부동산 임대업, 의료업 등 개인서비스업	5억 원	

Q². K씨의 매출액이 5억 원이 된 경우 성실신고확인제도가 적용되는데, 이 제도의 적용으로 인해 세금이 얼마나 증가할 것인가? 그리고 세금이 증가하는 이유는 무엇인가?

예를 들어 K씨가 성실신고확인제도를 적용받기 전에는 소득율을 40% 선에서 신고했다고 하자. 하지만 성실신고확인제도가 적용된 지금은 경비 등에 대한 투명성이 강화되어 소득율이 60% 대로 올라간다고 하자. 이러한 가정하에 세금을 계산하면 다음과 같다.

구분	성실신고확인제도 적용 전	성실신고확인제도 적용 후	차이
수입금액	5억 원	5억 원	
×소득률	40%	60%	
= 소득금액(과세표준)	2억 원	3억 원	
×세율	38%	38%	
− 누진공제	1,940만 원	1,940만 원	
= 산출세액	5,660만 원	9,460만 원	

성실신고확인제도를 적용받게 됨에 따라 세금이 3,800만 원이 증가하는 결과가 나온다.

Q³. K씨는 현재 다른 사업을 하고 있다. 이 정도의 매출수준에서 부동산 임대업에 대한 성실신고확인제도가 적용되는 조건은?

한 사업자가 업종을 겸영하는 경우의 성실신고확인제도 대상 여부는 다음의 식에 의해 계산한 수입금액을 기준으로 판정한다.

· 주 업종* 수입금액+주 업종 외 수입금액×(주 업종에 대한 성실신고확인대상 기준수입금액/주 업종 외의 업종에 대한 성실신고확인대상 기준수입금액)

* 주 업종은 수입금액이 가장 큰 업종을 말한다.

예) 숙박업에 의한 수입금액 15억 원, 부동산 임대업 3억 원인 경우

· 주 업종 수입금액+주 업종 외 수입금액×(주 업종에 대한 성실신고확인대상 기준수입금액/주 업종 외의 업종에 대한 성실신고확인대상 기준수입금액)=15억 원+3억 원×(10억 원/5억 원)=21억 원

따라서 숙박업의 성실신고 적용기준금액인 10억 원을 초과하므로 부동산 임대업도 성실신고대상에 해당한다. 이처럼 한 사업자가 업종을 두 개 이상 겸영하는 경우에는 사업장별로 판정하는 것이 아니라 납세자별로 성실신고확인대상사업자 여부를 판정한다.

Q⁴. 공동사업자는 어떻게 판정하는가?

공동사업장은 공동사업장의 총수입금액을 기준으로 판정한다. 따라서 지분율로 판단하는 것은 아니다. 참고로 단독사업장이 성실신고확인대상이고, 공동사업장이 성실신고확인대상이 아닌 경우 공동사업장에 대해서는 성실신고확인서 작성이 불필요하다.

2. 성실신고확인대상 사업자들의 세무관리법

부동산 임대사업자 중 성실신고확인제도를 적용받는 임대사업자들은 종합소득세 세무조사에 잘 대응하기 위해서는 다음과 같은 관리가 요구된다.

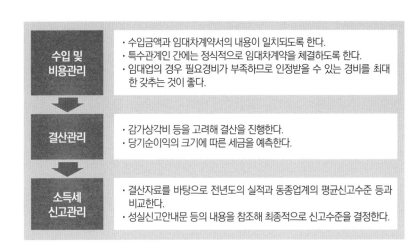

수입 및 비용관리	• 수입금액과 임대차계약서의 내용이 일치되도록 한다. • 특수관계인 간에는 정식적으로 임대차계약을 체결하도록 한다. • 임대업의 경우 필요경비가 부족하므로 인정받을 수 있는 경비를 최대한 갖추는 것이 좋다.
결산관리	• 감가상각비 등을 고려해 결산을 진행한다. • 당기순이익의 크기에 따른 세금을 예측한다.
소득세 신고관리	• 결산자료를 바탕으로 전년도의 실적과 동종업계의 평균신고수준 등과 비교한다. • 성실신고안내문 등의 내용을 참조해 최종적으로 신고수준을 결정한다.

☞ 성실신고확인제도에 의해 세금이 증가하는 이유

· 성실신고확인업무를 처리하는 과정에서 업무무관비용에 대한 판단이 엄격해진다.

· 세금계산서나 카드전표 등을 받지 않으면 비용처리가 사실상 힘들어진다.

· 불성실신고 시 세무대리인에 대한 징계 및 임대사업자에 대한 세무조사의 가능성이 높아 미리 성실신고를 한다.

3. 실전 사례

K씨는 상가를 임대하고 있는데 이번에 다음과 같은 종합소득세 성실신고안내문을 받았다.

· 사전 안내 성실신고 지원항목

본청개별 안내 (9개 유형)	1 적격증빙 과소수취	2 위장가공자료 등 수취자	3 복리후생비 과대계상	4 지급이자 과대계상	5 재고자산 과다과소계상	6 소득률 저조 (복식부기)
금액	1억 원 이상	–	–	–	–	–

Q¹. 적격증빙 과소수취는 무엇을 경고하고 있는가?

적격증빙은 세금계산서, 계산서, 현금영수증, 신용카드 매출전표를 말한다. 따라서 신고된 비용항목의 합계액과 이러한 증빙의 합계액이 차이가 남을 보여주는 것은 가공경비의 계상혐의가 있음을 우회적으로 표현하고 있다. 세무리스크가 높은 상황에 해당한다.

Q². 적격증빙 과소수취금액 '1억 원 이상'은 어떻게 해서 나왔을까?

표준손익계산서상의 인건비나 매입금액 등과 부가가치세 신고 시에 제출된 세금계산서, 계산서, 현금영수증, 신용카드 매출전표로 신고된 금액의 차이로 계산한다.

표준손익계산서상의 금액		부가가치세 신고서상의 금액		차이액
인건비 등 비용합계	−	세금계산서, 계산서, 신용카드 매출전표, 현금영수증 등의 합계액	=	가공계상 혐의금액

그런데 실무에서 보면 부가가치세 신고 때 공제가 안 되는 접대성 지출 등에 대해서는 부가가치세 신고 때 반영이 되지 않는 것이

보통이다. 따라서 장부에 계상된 각종 비용계정과 신고된 세금계산서 등의 합계액이 차이가 난다고 해서 바로 가공계상 혐의자로 낙인찍는 것은 문제가 있다.

Q3. 이번 종합소득세를 신고할 때는 어떤 점에 유의해야 할까?

신고안내문에 나와 있는 사항을 무시하면 나중에 문제가 발생할 소지가 높다. 따라서 적격증빙을 최대한 확보해 신고할 수밖에 없다. 다만, 적격증빙은 발급시기가 정해져 있으므로 과세기간 종료일(12/31) 전에 확보하는 것이 중요하다. 그래야 부족한 증빙 등을 추가로 수취할 수 있게 된다.

Tip 상가 성실신고확인사업자의 대책

· **수입금액관리** : 수입금액이 성실신고확인대상이 되지 않도록 전세보증금 등으로 조절한다.

· **비용관리** : 지출 시 비용인정 여부, 갖추어야 할 증빙 종류 등을 점검한다.

· **법인전환 등** : 법인으로 전환하거나 상가의 경우 법인관리회사 등을 만들어 진행한다. 다만, 이중 법인전환은 2020년 8월 12일 이후부터는 실익이 거의 없어졌음에 유의해야 한다. 2020년 7·10대책에서 부동산 임대업용 부동산에 대해서는 법인전환에 따른 취득세 감면을 해주지 않도록 했기 때문이다.[15]

---

15) 한편 법인관리회사를 만든 경우에는 개인과 법인이 특수관계에 해당하므로 관리계약 등이 정상적으로 이루어져야 한다.

10 상가임대업과 건강보험료

상가임대업 영위 시 건강보험료를 어떤 식으로 부담하는지 알아보자. 현재 건강보험료는 사업장과 지역 두 가지 체계로 운영되고 있다. 사업장은 개인사업장과 법인사업장에 대해 보수를 기준으로 부과되며, 지역은 재산과 소득 등을 기준으로 부과된다. 이 중 지역보험료의 체계가 복잡하다. 이하에서는 상가임대를 직장인과 사업자, 그리고 공동명의로 하는 경우 건강보험료의 과세체계에 대해 알아보자.

1. 직장인으로서 상가를 임대하는 경우

직장인이 상가를 임대하는 경우에는 근로소득과 임대소득이 동시에 발생한다. 이 경우에는 다음과 같이 건강보험료가 부과된다.

1) 원칙

사업장가입자로서 근로소득에 대해서만 건강보험료가 부과된다.

2) 예외

근로소득 외의 종합소득금액(수입금액-필요경비)이 3,400만 원 (2022년 7월 이후는 2천만 원) 초과 시 이에 대해서는 지역에서 건강보험료를 추가로 부과한다.

> ☞ 앞에서 종합소득금액*은 수입금액에서 필요경비를 차감한 금액을 말한다. 예를 들어 사업을 해서 매출을 10억 원 올렸으나 경비가 9.8억 원이라면 소득금액은 2천만 원에 불과해 3,400만 원(2022년 7월 이후는 2천만 원)에 미달하게 된다. 따라서 이러한 경우에는 건강보험료가 추가로 발생하지 않는다.
>
> * 앞의 종합소득금액에는 비과세되는 소득은 제외된다. 참고로 금융소득(이자소득과 배당소득)이 연간 1천만 원 이하이면 종합소득금액에 합산하지 않는다.

2. 개인사업자가 상가를 임대하는 경우

개인사업자가 상가를 임대하는 경우에는 임대소득 외에 다른 사업소득이 발생한다. 이 경우에는 다음과 같이 건강보험료가 부과된다.

1) 원칙

사업장에 종업원이 1인 이상이 있는 경우와 한 명도 없는 경우로 나눠 건강보험료 부과체계가 결정된다.

① 종업원이 1인 이상이 있는 경우

사업장으로 의무 가입해야 하며, 이때 사업주는 종업원 중 최고의 월급을 기준으로 가입신청한 후 향후 소득(사업소득+임대소득)이 정산되면 이를 기준으로 보험료가 정산된다. 결손의 경우 종업원의 월급을 기준으로 하므로 보험료가 계속 징수된다.

② 종업원이 한 명도 없는 경우

지역 가입자로서 재산과 소득, 자동차 등을 점수화해서 부과한다(건강보험관리공단 홈페이지 참조).

2) 예외

사업소득(임대소득 포함) 외의 종합소득금액(수입금액-필요경비, 배당소득 등)이 3,400만 원(2022년 7월 이후는 2천만 원) 초과 시 이에 대해서는 별도로 건강보험료가 추가된다.

☞ 피부양자 제외요건

직장인의 피부양자에 해당하는 경우에는 건강보험료를 별도로 부과받지 않는다. 하지만 다음의 경우에는 피부양자 자격을 박탈하고 있다. 피부양자 자격이 박탈되면 별도로 지역에서 건강보험료를 내는 것이 원칙이다(국민건강보험법 시행규칙 [별표 1의 2] 참조).

· 사업자등록이 되어 있는 자*
· 사업자등록이 되어 있지 않는 자로서 사업소득금액 및 부동산 임대소득 금액, 기타소득금액이 500만 원 초과하는 자
· 재산세 과세표준액이 5.4억 원(형제자매는 1.8억 원) 초과하는 자

* 주택임대사업자등록을 2020년 1월 1일에 하면 2020년 소득세 정산은 2021년 5월에 하게 된다. 이때 발생한 소득자료는 2021년 11월에 건강보험공단에 통보되어 이 자료를 기초로 2021년 12월부터 건강보험료가 부과된다.

Tip 공동명의로 상가를 임대하는 경우의 건강보험료 부과방법

남편과 부인이 임대사업을 공동으로 하는 경우 건강보험료 부담관계를 정리하면 다음과 같다. 참고로 근로자는 직장(사업장) 가입이 원칙, 사업자는 종업원이 1명 이상이 있다면 사업장, 없으면 지역에서, 무직은 지역에서 가입하는 것이 원칙이다.

구분	남편	부인	내용
①	근로자*	근로자	둘 모두 미부과
②	근로자	무직	남편 미부과, 부인 부과
③	근로자	사업자	남편 미부과, 부인 부과(사업장 또는 지역에서 부과)
④	사업자	사업자	둘 모두 부과(사업장 또는 지역에서 부과)
⑤	사업자	무직	둘 모두 부과(사업장 또는 지역에서 부과)
⑥	무직	무직	둘 모두 부과(지역에서 부과, 세대주에 통합됨)

* 근로자인 경우 임대소득금액이 3,400만 원(2022년은 2천만 원)에 미달하면 이에 대해서는 별도의 보험료가 부과되지 않음.

근로자가 상가를 임대하는 경우에는 임대소득이 많지 않으면[연간 3,400만 원(2022년 7월 이후는 2천만 원) 이하] 임대소득에 대한 추가적인 보험료 부담은 없다. 하지만 사업자나 전업주부 등이 상가임대사업자등록을 낸 후 임대소득이 발생하면 이에 대해서는 건강보험료가 추가로 발생한다.

☞ 상가를 공동으로 임대 시 건강보험료는 앞과 같은 상황에 따라 과세 여부가 달라지므로 상황에 맞게 의사결정을 내릴 필요가 있다. 이때 의사결정은 종합소득세와 건강보험료의 조합으로 내려야 한다. 즉 공동명의에 의한 '소득세 절세액-건강보험료 추가액'이 '+'가 되면 공동명의가 유리하므로 공동명의를 하도록 하고, 그 반대의 경우에는 공동명의가 불리하다고 볼 수 있다.

상가임대업에서 자주 발생되는 경비유형을 별도로 점검하면 다음과 같다.

1. 인건비

· **인건비** : 건물 관리인(청소 용역인 포함)의 급여, 상여, 퇴직급여 등을 말한다. 이 중 급여나 상여를 지급하면 4대 보험료를 부담하게 된다. 허위로 신고하는 경우에는 인건비로 인정받지 못한다.

· **복리후생비** : 임직원을 위해 사용된 복리후생비(직원 야근식대, 체육대회비, 건강보험료 등)는 비용으로 인정받을 수 있다. 단, 개인사업자를 위해 지출한 복리후생비는 세법상 비용에 해당하지 않는다(골프비용 등). 참고로 명절 등에 지급되는 상품권은 복리후생비(거래처에 지급 시는 접대비)로 처리 가능하다. 다만, 상품권을 지급한 경우 지급확인서를 보관해두는 것이 안전하다.

2. 접대비

· **접대비** : 상가임대업은 연간 3,600만 원(수입금액에 대한 한도는 별도로 사용 가능) 정도의 접대비를 사용할 수 있다. 다만, 접대비는 사업과 관련된 경비에 해당되어야 문제가 없다.

☞ 임직원들이나 거래처에 지급되는 경조사비는 복리후생비나 접대비에 해당되어 모두 비용처리가 인정된다. 다만, 사업과 관련 없는 경조사비는 사업자의 필요경비로 처리할 수 없음에 유의해야 한다. 참고로 지출한 경조사비는 세금계산서 등 적격영수증을 구비할 수 없으므로 지출금액 20만 원 이하까지는 청첩장 사본 등을 구비해두면 지출증빙을 갖춘 것으로 본다(조의는 부고장).

3. 세금과공과금

- **재산세와 종합부동산세** : 사업경비로 인정받는다.
- **간주임대료 부가가치세** : 임대보증금에서 발생하는 부가가치세(간주임대료 부가가치세)도 비용으로 인정받는다.
- **자동차세** : 업무와 관련된 경우에는 사업경비로 인정된다.
- **도로사용료 및 교통유발부담금** : 사업경비로 인정된다.
- **종합소득세(중간예납 포함)** : 이는 사업경비에 해당하지 않는다.
- **부가가치세** : 환급받은 부가가치세는 사업경비에 해당하지 않으나 공제받지 못하는 부가가치세는 원가 또는 당기비용으로 인정을 받는다.

4. 보험료

- **4대보험료** : 사업자 본인 건강보험료, 국민연금, 산재보험료도 경비로 인정받는다.
- **화재보험료** : 건물 화재보험료도 사업과 관련된 비용에 해당한다. 다만, 보험료 중 일부가 적립되는 경우에는 자산으로 처리해야 하며 비용처리 시 필요경비로 인정받지 못한다.
- **보장성보험료** : 종업원을 위해 불입한 보험료는 사업과 관련된 비용이나 사업자를 위해 불입한 보험료는 업무와 관련 없는 비용에 해당한다.

5. 감가상각비

- **감가상각비** : 이는 건물(토지는 제외)취득가액을 30~50년 동안 정액법으로 상각한 금액을 말한다. 세법상 한도 내에서 자유스럽게 상각할 수 있다. 상각을 하지 않아도 세법상 문제가 없다(임의상각주의채택).
- **차량 감가상각비** : 이에 대해서는 199페이지에서 별도로 살펴본다.

6. 건물 수선비

- **경상수선비** : 엘리베이터나 건물 수선비 등은 전액 비용으로 인정받는다(다만, 세금계산서를 구비해야 사후적으로 문제가 없다). 이러한 경

상수선비는 보통 수익적 지출에 해당한다.

· **대수선비** : 사업연도 중에 대규모 수선(리모델링)을 한 경우에는 기존건물에 포함해 감가상각을 실시한다. 통상 자본적 지출액에 해당한다.

7. 건물관리비

· **외주관리비** : 건물관리를 외부에 위탁한 경우에 발생하는 지급수수료는 전액 비용처리가 된다.

· **기타 건물관리비** : 기타 소모품비 등 사업과 관련된 비용은 전액 공제받을 수 있다.

8. 차량유지비

· **차량유지비** : 상가임대업을 영위하면서 업무용으로 사용되고 있는 차량유지비는 비용으로 인정된다. 이에는 유류대, 보험료, 수리비, 주차요금, 톨게이트비 등이 해당한다. 참고로 건물 주인이 개인 목적으로 사용하는 경우, 비용으로 인정받지 못하나 사업과 가사의 구분이 애매모호한 경우가 일반적이므로 경비처리를 하고 있다.

· **차량리스료** : 차량리스료가 업무와 관련해 발생한 경우라면 당연히 비용처리가 된다. 하지만 업무와 관련 없이 가사 등에 주로 사용된다면 이에 대해서는 비용처리가 힘들다.

9. 이자비용

· **이자비용** : 보통 부동산 취득 때 대출받은 비용은 임대 시 전액 비용으로 인정받는다. 그리고 임대보증금 반환을 위해 대출받은 경우의 이자도 경비로 인정받을 수 있다.

  - 부동산 임대업을 영위하기 위해 금융기관으로부터 차입한 자금으로 건축물을 신축하는 경우 차입금에 대한 준공된 날까지의 이자는 건축물의 가액에 가산하며, 준공된 날 이후의 이자는 당해 연도의 필요경비에 산입한다.

– 차입금의 명의인과 실질적인 차용인이 다른 경우에는 실질적인 차용인의 차입금으로 한다. 이 경우 실질적인 차용인의 여부는 금전대차계약의 체결, 담보의 제공, 차입금의 수령, 각종 비용의 부담 등 차입에 관한 업무의 실질적인 행위내용과 차입한 금액의 용도 등을 기준으로 판단하는 것으로, 사업자가 실질적인 차용인인지 여부는 당해 판단기준과 구체적인 정황 등을 종합적으로 고려해 사실판단할 사항이다(서면인터넷방문상담1팀-1251, 2007. 9. 7).

· **공동사업자의 이자비용** : 공동사업자가 부동산을 취득하기 위해 대출을 받은 경우에 발생하는 이자비용은 필요경비에 해당한다.

※ 관련 판례

대출금은 동업계약에 따른 출자의무를 이행하기 위하여 차용한 자금이 아니라 목적사업인 부동산 임대업을 영위하는 데 필요한 토지 및 건물을 구입하기 위하여 차용한 자금이므로 대출금의 지급이자는 필요경비에 해당한데도 이를 원고들의 개인적인 출자 관련 채무로 보고 지급이자를 필요경비 불산입한 것은 위법함(대법2011두15466, 2011. 10. 13).

10. 기타 비용

· **전화요금** : 사업경비로 인정을 받는다. 참고로 임대사업자의 핸드폰 요금노 경비로 처리되고 있다.

· **도서인쇄비** : 업무와 관련 있는 경우에는 사업경비로 인정받는다.

· **기부금** : 업무와 무관하더라도 사업경비로 인정된다. 다만, 기부금의 종류에 따라 한도가 있다. 종교 관련 기부금 한도는 사업소득금액의 10%다.

· **임차인 손해배상 등** : 임대차 기간이 만료되지 아니한 사업자와 협의해 임차인에 대해 손해배상이나 이사비용 등을 보상해줄 경우 필요경비에 해당하나, 계약 만기 후 나가는 임차인들에게 손해배상의 대가로서 지급하는 경우 필요경비에 해당하는지 여부는 사실판단 사

항이다. 다음 예규를 참조하자.

※ 소득46011-3258, 1997. 12. 12.

【질의】

- 부동산 임대사업자가 임대관리의 편리성 및 수익성을 제고시키기 위하여 기존의 임차인을 퇴거시키고 시중은행과 임대차계약을 하기 위하여
  - 임대차기간이 만료된 사업자는 퇴거시키고 퇴거하지 않을 경우에는 건물명도소송을 제기하며
  - 임대차기간이 만료되지 아니한 사업자와는 협의하여 임차인이 설치한 시설비에 대한 손해배상과 이사비용을 보상하여 줄 경우
- 임차인의 시설비에 대한 손해배상·이사비용 및 소송비용이 부동산 임대업의 필요경비에 산입되는지 여부와
- 사업자인 임차인이 임대인으로부터 받는 손해배상금·이사비용의 소득구분 및 원천징수 여부

【회신】

1. 부동산 임대업자가 임대계약을 위약하여 임차인이 부담한 실내장식비·이사비용, 이사로 인한 휴업기간의 영업손실액으로 지급하는 금액 중 그 실제 비용상당액은 소득세법 제27조 및 제39조의 규정에 의하여 당해 연도의 필요경비에 산입하는 것이며, 임차인에게 지급하는 배상금은 사회통념상 적정한 금액의 범위 내에서 당해 과세기간의 소득금액 계산상 필요경비에 산입할 수 있는 것이나, 그 보상액의 적정 여부는 구체적인 정황을 기준으로 사실 판단할 사항임.
2. 이때 사업자인 임차인이 당해 사업과 관련된 피해로 인하여 타인으로부터 지급받는 피해보상금은 소득세법시행령 제51조 제3항 제4호의 규정에 의하여 당해 사업과 관련하여 무상으로 받은 자산의 가액에 해당하여 당해 사업자의 사업소득금액 계산에 있어서

당해 과세기간의 총수입금액에 산입하는 것임.

☞ 사업자인 임차인이 사업장 이전 명목으로 부동산 임대인으로 지급받는 이사비용은 재화, 용역의 공급대가가 아니므로 세금계산서 발급대상이 아니다. 그리고 해당 임차인에게 지급하는 이사비용이 사업소득 총수입금액 산입대상이 되는 경우에는 해당 이사비용은 원천징수대상 소득이 아니다.

Q. 상가임대사업자들도 차량비를 인정받을 수 있을까?

당연하다. 다만, 임대사업용으로 인정받기 위해서는 업무와의 관련성이 높아야 할 것이다. 따라서 주로 가사용으로 사용되는 경우에는 인정받기가 곤란할 수 있다. 참고로 차량비에 대한 규제제도가 들어온 만큼 모든 업종의 차량에 대해 이를 점검하는 차원에서 세무조사 등의 간섭이 심해질 것으로 전망된다. 따라서 업무일지 등을 마련해 미리 대비를 해두는 것이 좋을 것으로 보인다.

Tip 업무용 승용차 처리법

임대사업자 중 연간 수입금액이 7,500만 원이 넘어가면 경차나 9인승 이상 승합차, 화물차를 제외한 승용차를 운행하면 비용처리를 아래와 같이 해야 한다.

· 운행일지를 기록하지 않는 경우

차량 감가상각비(연간 800만 원 한도)와 기타 유류대 등을 합해 1,500만 원까지 비용으로 인정해준다.

· 운행일지를 작성한 경우

출퇴근이나 임대업무를 위해 승용차를 사용한 경우에는 운행일지를 작성하면 위의 금액을 초과해서 비용처리를 할 수 있다(단, 이때 감가상각비의 한도는 800만 원).

||||||||||||||||||||||||||||||||||||||||||

제 5 장

상가·빌딩 양도 시의
절세 가이드

||||||||||||||||||||||||||||||||||||||||||

01
상가 양도에 따른
세무 처리법 개관

상가를 임대하다가 이를 양도하고 폐업하면서도 다양한 세무문제가 발생한다. 구체적으로 재화(상가)의 공급(양도)에 따른 부가가치세, 폐업신고, 양도 및 종합소득세 신고 등의 문제가 발생한다. 이하에서 이들에 대해 정리를 해보자.

1. 기본 사례

〈자료〉

K씨는 2015년에 상가를 분양받으면서 부가가치세를 1천만 원 환급받았다. 그 이후 보증금 1억 원에 월세 200만 원을 받고 있다. K씨는 최근 이 상가에 대해 매수문의가 와서 이를 양도할 계획을 세우고 있다.

Q¹. 만일 지금 폐업하면 환급받은 부가가치세를 반환해야 하는가?

K씨처럼 상가의 양도에 따라 폐업하는 경우에는 당초 환급받은 부가가치세를 반환할 필요가 없다. 환급받은 부가가치세를 반환해야 하는 경우는 양도 없이 사업을 폐지하거나 면세로 전용(예 : 업무용 오피스텔을 주거용으로 전환)할 때 정도가 된다. 즉 이러한 상황이 되면 더 이상 임대료에 대해 부가가치세가 발생하지 않기 때문에 사업의 완전폐지로 보아 10년 중 잔여기간에 대한 부가가치세를 추징하게 된다.

Q². 상가의 양도에 따른 부가가치세는 반드시 납부해야 하는가?

임대사업자도 사업자에 해당한다. 따라서 사업자가 부가가치세가 과세되는 상가를 공급하면 건물공급가액의 10% 상당액을 부가가치세로 징수해 이를 납부해야 한다.

Q³. 앞의 상가 양도 시 발생하는 부가가치세 10%를 없애기 위해서는 어떻게 하면 될까?

K씨와 매수인이 포괄양수도계약을 맺으면 된다. 이때 매수인은 일반과세자로 사업자등록을 하면 된다.

Q⁴. 매수인은 사업자등록을 하지 않은 상태다. 이 경우에 세금계산서는 어떻게 발급하는가?

이같은 상황에서는 주민등록번호를 기재해 세금계산서를 발급한다. 세금계산서 발급일자는 '상가잔금청산일' 또는 '폐업일'을 공급시기로 해서 기재한다.

2. 폐업에 따른 세무처리법

상가임대 중에 폐업하면 다양한 세무문제가 발생하는데 이에 대해 대략 알아보자.

폐업세금 검토	· 폐업을 하면 잔존재화에 대한 부가가치세 과세문제를 검토해야 한다. 단, 당초환급을 받지 않았으면 부가가치세 추징문제는 없다. · 상가 양도에 따른 부가가치세는 부가가치세법상 공급시기에 맞춰 세금계산서를 교부하는 것이 원칙이다. · 상가 양도에 따른 부가가치세는 포괄양수도계약에 의해 생략할 수 있다.
폐업 및 부가가치세 신고	· 폐업시기는 그 사업을 실질적으로 폐업하는 날을 말하며 폐업한 날이 분명하지 아니한 경우에는 폐업신고서의 접수일을 말한다. · 폐업에 따른 부가가치세 신고시기는 보통 폐업신고서를 제출한 날이 속한 달의 말일로부터 25일 내다.
양도소득세 및 종합소득세 신고	· 양도소득세 신고시기는 양도일(잔금청산일)이 속하는 달의 말일로부터 2개월 내다. · 종합소득세 신고시기는 다음 해 5월(성실신고확인대상 사업자는 5~6월) 중이 된다.

> ※ 부가가치세법 집행기준 15-28-1 [부동산 양도에 따른 공급시기]
> ① 부동산을 양도하는 경우의 공급시기는 해당 부동산이 이용 가능하게 되는 때이며, 이용 가능하게 되는 때란 원칙적으로 소유권이전등기일을 말하지만, 당사자 간 특약에 따라 소유권이전등기일 전에 실제 양도하여 사용·수익하거나 잔금 미지급 등으로 소유권이전등기일 이후에도 사용·수익할 수 없는 사실이 객관적으로 확인되는 때에는 실제로 사용·수익이 가능한 날을 말한다.
> ② 중간지급조건부로 부동산을 공급하기로 계약하였으나 소유권 이전 및 잔금 지급 전에 이를 이용 가능하게 하는 경우 해당 부동산을

이용 가능하게 한 때를 공급시기로 본다.

③ 사업자가 부동산 임대사업에 사용하던 건물을 양도하는 계약을 체결하여 계약금과 중도금을 받고 잔금을 받지 않은 상태에서 폐업한 경우, 그 폐업일을 해당 건물의 공급시기로 본다.

④ 건축 중인 건물을 양도하는 경우 매수인이 그 건축 중인 건물을 이용 가능하게 된 때를 공급시기로 본다.

⑤ 부동산을 기부채납하기로 약정함에 따라 사회기반시설을 신축하여 일정기간 사용·수익한 후에 기부채납하는 경우 그 기부채납절차가 완료된 때를 공급시기로 본다.

3. 실전 사례

K씨는 상가를 다음과 같이 양도했다.

구분	건물가액	토지가액	계
취득가액	1억 원	1억 원	2억 원
양도가액	2천만 원	4억 원	4억 2천만 원
보유기간	15년	15년	

Q[1]. 부가가치세는 얼마인가?

K씨가 일반과세자라면 양도 시의 건물가액 2천만 원의 10%인 200만 원이 부가가치세가 된다.

Q². 만일 건물가액과 토지가액이 구분되지 않으면 부가가치세는 어떻게 계산해야 하는가?

먼저 부가가치세는 건물가액에 대해서만 부과되므로 '감정평가 액 → 기준시가 비율'순으로 건물가액과 토지가액을 구분해 계산 한다. 참고로 사업자가 임의로 건물가액과 토지가액을 구분하면 이 금액을 인정하나, 기준시가 비율로 산정한 것과 30% 이상 차이 가 나면 기준시가 비율로 안분하도록 하고 있다. 세부담 회피를 방 지하기 위해서다. 다만, 매입 후 건물을 철거하고 토지만 사용하는 경우에는 정당한 사유가 있으므로 사업자가 구분한 금액을 인정한 다(2022년 이후).

Q³. 양도소득세는 얼마인가? 단, 기본공제는 적용하지 않으며 세율 은 6~45%를 적용한다.

양도소득세는 양도가액에서 취득가액을 차감한 2억 2천만 원에 장기보유특별공제 등을 적용해 산출한다.

구분	금액	비고
양도차익	2억 2천만 원	
– 장기보유특별공제	6,600만 원	30%
= 과세표준	1억 5,400만 원	
× 세율	38%	
– 누진공제	1,940만 원	
= 산출세액	3,912만 원	

Tip 폐업절차와 세무신고법

상가임대사업자가 폐업하는 경우 그 절차와 관련 세무처리법을 요약하면 다음과 같다.

절차	내용
상가 양도에 따른 부가가치세 검토	· 포괄양수도계약을 체결할 경우 → 부가가치세 없이 거래할 수 있음. · 포괄양수도계약을 체결하지 않을 경우 → 세금계산서 수수문제가 발생함. 건물공급가액 안분을 인위적으로 하는 경우 세금추징문제가 발생할 수 있음.
▼	
매매계약 체결	· 계약 후 폐업 → 폐업일이 상가의 공급시기 · 중도금 수령 후 폐업 → 폐업일이 상가의 공급시기 · 잔금 수령 후 폐업 → 잔금수령일이 상가의 공급시기 ☞ 상가의 공급시기에 대해서는 213페이지 참조
▼	
폐업신고	· 폐업신고시기 : 지체 없이 하도록 하고 있음. · 제출서류 : 사업자등록원본(없어도 무방), 폐업신고서(서식), 포괄양수도계약 시는 해당 계약서 첨부
▼	
부가가치세 신고	· 폐업기간(1월 1일 또는 7월 1일부터 폐업일)에 따른 부가가치세 신고 ※ 사업실적 및 상가 양도에 따른 부가가치세 포함 · 폐업일이 속하는 달의 말일로부터 25일 내에 신고
▼	
양도소득세 신고	· 양도일이 속하는 달의 말일로부터 2개월 내에 신고
▼	
종합소득세 신고	· 다음 해 5월 중 종합소득세 신고

02 상가의 양도와 부가가치세 발생

이제 개인이 임대하던 상가를 양도하려고 한다고 하자. 이러한 상황에서 어떤 세금문제를 검토해야 할까? 우선 상가 양도 시 발생하는 부가가치세 처리를 아주 잘 해낼 필요가 있다. 부가가치세 처리를 잘못하면 예기치 않은 세금문제로 고통을 받을 가능성이 높기 때문이다. 이하에서는 상가 양도 시 발생하는 부가가치세 처리방법에 대해 알아보자.

1. 기본 사례

공인중개사 K씨는 다음과 같이 상가를 중개하려고 한다.

〈자료〉
· 양도예상가액 : 6억 원(VAT 별도)
· 취득가액 : 4억 원

Q1. **매도인이 매수인으로부터 징수해야 하는 부가가치세는 얼마인가?**
단, 토지의 기준시가는 2억 원이고, 건물의 기준시가는 1억 원이다.

상가건물과 토지를 일괄공급하는 경우 부가가치세는 '감정평가액 → 기준시가'의 비율순으로 안분계산한다. 사례의 경우에는 감정평가액이 없으므로 기준시가 비율로 안분해 토지와 건물의 공급가액을 계산한다.

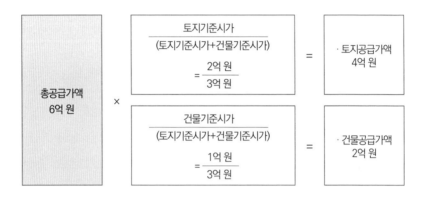

따라서 부가가치세는 건물공급가액에 대해서만 부과되므로 2억 원의 10%인 2천만 원이 된다.

Q2. **매수인은 앞의 부가가치세를 환급받을 수 있는가? 매수인은 간이사업자다.**

매도인은 매수인으로부터 2천만 원의 부가가치세를 징수해서 이를 국가에 납부해야 한다. 그다음 매수인은 이를 환급받을 수 있는데, 이때 매수인은 간이과세자가 아닌 일반과세자에 해당되어야 한다. 따라서 사례의 경우에는 이 부가가치세를 환급받을 수 없다.

※ 환급을 받을 수 없는 경우

· 매수인이 간이과세자인 경우
· 매수인이 비영리법인으로 목적사업용으로 사용하는 경우(예 : 교회의 예배당으로 사용)
· 매수인이 비사업자인 경우 등

Q³. 앞의 부가가치세를 생략한 채 거래하기 위한 조건은?

포괄양수도계약을 맺으면 부가가치세 없이 처리할 수 있다. 포괄양수도계약이란 사업 자체를 매수인에게 그대로 이전하는 계약을 말한다. 참고로 매도인이 일반과세자이고 매수인이 간이과세자인 상태에서 포괄양수도가 성립하면 이때 매수인은 일반과세자로 사업자 유형이 바뀌게 된다(주의).

2. 상가 양도와 부가가치세

임대용 부동산을 양도하는 경우에는 부가가치세 문제가 상당히 복잡하다. 임대사업자가 어떤 식으로 대응하느냐에 따라 다양한 세금문제가 발생하기 때문이다.

1) 폐업일 전에 계약 후 상가를 양도한 경우(재화의 공급)

보통 폐업신고 전에 임대용 부동산을 양도(잔금청산)하면 이는 세법상 재화의 공급으로 본다. 따라서 건물공급가액의 10%만큼 부가가치세가 발생하는 것이 원칙이다. 이때 다음과 같은 세무상 쟁점이 발생한다.

- **부가가치세는 얼마인가?**
  - → 원칙적으로 계약에 의해 정하면 되나 구분가액이 불분명하면 감정평가액이
    나 기준시가의 비율로 안분계산해야 한다.
- **부가가치세는 누가 부담하는가?**
  - → 원칙적으로 매수인이 부담한다. 이런 내용이 계약서에 반영이 되면 좋을 것
    이다.
- **세금계산서는 어떻게 발급하는가?**
  - → 공급시기(통상 대가를 받은 날)에 발급한다.
- **세금계산서는 반드시 발급해야 하는가?**
  - → 그렇다. 다만, 고정자산의 양도가 아닌 포괄양수도계약에 해당하면 세금계
    산서를 발급하지 않아도 된다.

참고로 상가 매수자는 가급적 부가가치세를 내지 않는 방법을
선호한다. 이때는 임대업 자체를 포괄적으로 양도하면 부가가치
세를 생략한 채 거래할 수 있다. 다만, 다음과 같은 조건을 충족해
야 한다.

- · 포괄양수도계약에 해당할 것(즉 사업상 권리와 의무가 모두 승
   계될 것)
- · 폐업신고 시에 폐업신고서와 사업자등록증, 사업양수도계약
   서*, 사업양도신고서*를 관할 세무서에 제출할 것

   * 단, 사업양수도계약을 체결하지 않거나 사업양도신고서를 제출하지 않아도 실질이 포괄
     양수도계약에 해당하면 포괄양수도계약으로 인정한다.

☞ 포괄양수도계약에 대한 자세한 내용은 이 장의 '심층분석'에
   서 살펴보자.

2) 폐업일 후에 계약한 후 상가를 양도하는 경우(폐업 시 잔존재화)

폐업한 후에 상가를 양도(잔금청산)하는 경우가 있다. 이렇게 되면 더 이상 사업자가 아니므로 양도하는 상가에 대해서는 부가가치세가 발생하지 않는다. 하지만 이러한 상황에서 세법은 취득 후 10년 내에 폐업하면 폐업 시에 잔존하는 재화를 자신에게 공급하는 것으로 보아 부가가치세를 추징한다. 다만, 당초에 본인이 환급받은 부가가치세가 있어야 추징(환급을 받지 않았으면 추징을 하지 않음)하며, 다음과 같은 식으로 환급받은 세액을 추징한다.

· 과세표준=취득가액×[1 - (5/100×경과된 과세기간 수)]=시가
· 부가가치세=시가×10%

참고로 앞에서 '5/100'는 2002년 1월 1일 이후 취득한 것을 대상으로 적용한다. 그 이전은 10/100으로 5년 체감법을 적용했다.

Q. 폐업일 이전에 매매계약을 체결하고 폐업일 이후 잔금을 지급하는 경우에 상가건물의 공급시기는?

이에 대해 세법은 '폐업일'을 재화의 공급시기로 한다. 따라서 이 날을 기준으로 상가건물에 대한 세금계산서를 발급해야 한다.

※ 상가 임대업 폐업과 공급시기 요약

① 폐업일 전에 계약금과 잔금을 받은 경우

재화의 공급으로 보아 원칙적으로 세금계산서 발급대상이 된다. 통상 잔금지급일이 세금계산서 작성연월일이 된다.

② 폐업일 전에 계약금을 받고, 폐업일 후에 잔금을 받은 경우

재화의 공급으로 보아 원칙적으로 세금계산서 발급대상이 된다. 이 경우에는 폐업일이 세금계산서 작성연월일이 된다.

③ 폐업일 후에 계약금과 잔금을 받은 경우

폐업 시 잔존재화에 해당되어 부가가치세 과세대상이 된다. 이때 는 세금계산서를 발급할 수 없다.

3. 실전 사례

간이과세자인 개인이 임대하던 상가를 양도하려고 한다고 하자. 이 경우 실무적으로 부가가치세 처리는 어떻게 하는 것이 안전한 지 알아보자.

1. K씨는 간이과세자로 다음과 같이 상가를 양도하려고 한다.

〈자료〉
· 매매예상가액 3억 원(계약금 5. 10, 중도금 6. 10, 잔금 7. 10)
· 토지기준시가 1억 원, 건물기준시가 5천만 원

Q[1]. 간이과세자도 상가 양도에 따른 부가가치세를 부담하는가?

그렇다. 세법은 부가가치세가 과세되는 사업인 부동산 임대업을 영위하는 간이사업자가 당해 임대업에 사용하던 부동산을 타인에 게 양도하는 경우 건물분에 대해서는 부가가치세가 과세(4%)되는 것으로 하고 있다.

Q². 앞 상가의 잔금을 받기 전에 폐업신고를 하는 경우 부가가치세가 부과되는가?

폐업일 전에 계약을 체결하고 폐업일 이후 잔금을 받는 계약조건이라면 폐업일을 공급시기로 보므로 폐업분에 대한 부가가치세 확정신고 시 건물양도가액의 4%에 해당되는 부가가치세를 납부해야 한다.

Q³. 앞의 경우 부가가치세는 얼마인가?

기준시가 정보가 있으므로 매매가액에 기준시가비율[건물기준시가/(토지기준시가+건물기준시가)]을 곱해 건물의 과세표준을 계산한 후 이에 4%의 세율을 곱하면 된다.

· 과세표준 : 3억 원×[건물기준시가/(토지기준시가+건물기준시가)]=3억 원×[5천만 원/(1억 원+5천만 원)]=1억 원
· 부가가치세 : 1억 원×4%=400만 원

2. K씨는 아파트 상가를 낙찰받아 부가가치세 10%를 환급받지 아니한 간이과세사업자다. 현재 이 건물은 보증금 4천만 원/월세 150만 원에 임대하고 있다. 임차인은 간이과세자로서 부동산 중개업을 하고 있다. K씨는 이러한 상황에서 이 상가를 양도할 계획을 세우고 있다.

Q¹. 매수인은 비사업자인데 포괄양수도계약이 가능한가?

계약시점에 비사업자라고 하더라도 계약 후에 사업자등록을 하면 된다.

Q². 매도인이 간이과세자인 상태에서 포괄양수도계약을 하면 매수인은 간이사업자로 등록을 해야 하는가?

원래 매도인이 일반과세자면 매수인은 반드시 일반과세자로 사업자등록을 해야 한다(부가가치세법 시행령 제109조 2항 8호). 하지만 사례와 같이 매도인이 간이과세자면 매수인은 간이 또는 일반과세자를 선택해 사업자등록을 할 수 있다. 그 결과, 간이과세자 상태에서 일반과세자에게 부동산을 양도하는 경우 재화의 공급으로 보지 않는 사업의 양도가 가능하다.

Q³. 포괄양수도계약이 가능하다면 상가 매매계약서 특약란에 '이 계약은 포괄양수도계약임'이라는 문구만 넣어도 가능한가, 아니면 따로 포괄양수도계약서를 작성해 세무서에 제출해야 하는가?

양도계약서를 첨부한 사업양도신고서(별지 제31호 서식)를 매도인이 당해 사업장에 대한 부가가치세 확정신고 시 제출해야 한다. 여기서 사업양도계약서는 별도로 작성하는 것이 일반적이지만, 이를 별도로 작성하지 않고 일반 매매계약서에 특약으로 기재해도 문제가 없다.

Tip 면세사업자의 상가 양도

부가가치세 면세사업자가 면세사업에 사용하던 사업용 고정자산을 양도하는 경우에는 '부가가치세법' 제12조 제3항의 규정에 의하여 부가가치세가 면제되는 것임(서면3팀-2199, 2006. 09. 20).

03
폐업 시 잔존재화에 대한 부가가치세를 계산하게 되는 경우

일반과세자인 임대사업자가 취득 후 이를 다른 사업자에게 양도하는 경우에는 재화(상가)의 공급에 해당하므로 건물공급가액에 대해 10% 등의 부가가치세를 징수하면 된다. 이런 상황에서는 취득 당시 환급받은 부가가치세는 추징당하지 않는다. 매수인이 매도인의 임대지위를 이어받아 부가가치세를 징수해 납부하기 때문이다. 하지만 취득 후 10년 내에 스스로 임대업을 그만둬 더 이상 부가가치세가 징수되지 않으면 세법은 폐업 당시 상가의 시가에 10%만큼 세금을 추징하게 되는데, 이러한 제도를 '폐업 시 잔존재화에 대한 부가가치세 과세'제도라고 한다. 이는 주로 소비자가 부가가치세 부담 없이 소비하는 것을 방지하기 위해 도입되었다. 이하에서 이에 대해 자세히 알아보자.

1. 주요 내용

폐업 시 잔존재화가 있으면 이를 사업자 본인한테 공급한 것으로 보아 부가가치세를 과세한다. 부가가치세 부담 없는 소비를 방지하기 위해서다. 먼저 이 제도에 대한 주요 내용을 요약하면 다음과 같다.

> • 취득 시 부가가치세를 환급받은 후 10년이 되기 전에 상가의 양도 없이 폐업하면 잔여기간에 대한 부가가치세를 반환해야 한다(폐업 시 잔존재화에 대한 부가가치세).
> • 취득 시 부가가치세를 환급받지 않은 경우에는 10년이 되기 전에 폐업하더라도 잔여기간에 대한 부가가치세를 추징당하지 않는다. 당초 환급받은 세액이 없기 때문이다.

☞ '10년'을 둔 이유

폐업 시 잔존재화에 대한 부가가치세 10%를 거두기 위해서는 잔존재화에 대한 시가를 정해야 하는데, 이에 부가가치세법은 건물은 1과세기간(6개월) 동안 5%씩 감가상각이 되는 것으로 보아 폐업시점의 시가를 정하고 있다. 연수로 환산하면 10년이 된다. 결국 '10년'은 건물이 감가상각이 완료되는 기간을 의미한다고 보면 된다(참고로 법인세법 등에서는 감가상각을 위한 기준내용연수를 40년 등으로 정하고 있다).

2. 잔존재화의 시가계산법

폐업 시의 잔존재화가 상가 같은 감가상각자산인 경우에는 다음 산식에 따라 계산한 금액을 그 재화의 시가로 본다.

> · 간주시가 = 해당 재화의 취득가액 × (1 − 체감률[*1] × 경과된 과세기간의 수[*2])
>
> [*1] 체감률은 건물·구축물의 경우 5%, 기타의 감가상각자산은 25%로 한다.
> [*2] 경과된 과세기간(6개월)의 수는 건물의 경우에는 20을, 기타의 감가상각자산은 4를 한도로 한다.

결국 20과세기간(10년) 동안에 사용하고 남은 잔존가치가 해당 자산의 시가인 셈이 된다. 이에 대한 계산 사례는 뒤에서 살펴보자.

> ### ※ 간주공급에 따른 공급가액 계산(부가가치세법 집행기준 29-66-1)
>
> 과세사업에 사용한 감가상각자산이 간주공급(자가공급·개인적 공급·사업상증여·폐업 시 잔존재화)에 해당되는 경우에는 다음 산식에 의하여 계산한 금액을 해당 재화의 시가(과세표준)로 본다. 다만, 건물 또는 구축물의 경과된 과세기간의 수가 20을 초과하는 때에는 20으로, 그 밖의 감가상각자산의 경과된 과세기간의 수가 4를 초과하는 때에는 4로 한다.
>
> · 건물 또는 구축물
>
> $$\text{· 해당 재화의 취득가액} \times (1 - \frac{5}{100} \times \text{경과된 과세기간 수}) = \text{시가(공급가액)}$$

· **기타 감가상각자산**

$$\cdot \text{해당 재화의 취득가액} \times \left(1 - \frac{25}{100} \times \text{경과된 과세기간 수}\right) = \text{시가(공급가액)}$$

3. 계산 사례

부가가치세 과세사업을 영위하던 L씨가 20×5년 9월 20일에 상가를 2억 원(건물가액은 1억 원)에 구입해 임대하던 중 20×6년 10월 5일에 폐업했다. 폐업 시 잔존재화에 대한 부가가치세 과세표준과 부가가치세는 얼마인가?

사례의 경우 폐업 시 잔존재화에 해당하므로 5%체감률을 적용해 과세표준을 계산한다. 경과과세기간은 20×5년 하반기와 20×6년 상반기 등 2과세기간이 경과한 것으로 본다. 따라서 다음과 같이 과세표준과 부가가치세가 결정된다.

· 과세표준 = 1억 원(건물 취득가액) × (1−5%×2) = 9천만 원
· 부가가치세 = 900만 원(9천만 원×10%)

Tip 재화의 공급과 폐업 시 잔존재화에 따른 부가가치세 과세 여부

재화의 공급과 폐업 시 잔존재화에 따른 부가가치세 과세 여부를 요약하면 다음과 같다.

구분	폐업 전 상가 양도	폐업 후 상가 양도
10년 이내	VAT ○ → 재화의 공급에 해당	VAT ○ → 폐업 시 잔존재화에 해당
10년 후	VAT ○ → 재화의 공급에 해당	VAT × → 비사업자에 해당해 부가가치세 미발생함.

☞ 결국 폐업 시 잔존재화에 대한 부가가치세를 반환하지 않기 위해서는 폐업 전에 잔금청산을 끝내는 것이 좋을 것으로 보인다.

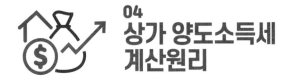

04 상가 양도소득세 계산원리

상가를 임대한 후 이를 양도하면 양도소득세를 부담해야 한다. 상가에 대한 양도소득세 과세방식은 주택과 같지만 몇 가지에서 차이가 나고 있다. 이하에서는 상가 양도소득세에 대해 알아보자.

1. 기본 사례

K씨는 다음과 같이 상가를 양도하려고 한다.

〈자료〉
· 양도가액 : 5억 원
· 취득가액 : 4억 원
· 취득세 등 부대비용 : 3천만 원
· 보유기간 : 12년

Q¹. 양도차익은 얼마인가?

양도차익은 양도가액에서 취득가액과 부대비용 등 필요경비를 차감한 7천만 원이 된다.

Q². 장기보유특별공제액은 얼마인가?

장기보유특별공제는 보유기간이 3년 이상인 경우 보유기간별로 2%(단, 3년은 6%)를 적용한다. 사례의 경우 12년을 보유했으므로 양도차익의 24%를 공제한다.

Q³. 양도소득세 산출세액은 얼마인가?

앞의 내용을 감안해 양도소득세를 계산하면 다음과 같다.

구분	금액	비고
양도차익	7천만 원	
– 장기보유특별공제	1,680만 원	24% 가정
= 양도소득금액	5,320만 원	
– 기본공제	250만 원	
= 과세표준	5,070민 원	
×세율	24%	
– 누진공제	522만 원	
= 산출세액	694만 8,000원	

※ 저자 주

오래된 상가나 빌딩을 양도하면 양도소득세가 많이 나올 가능성이 높다. 상가의 경우 양도소득세 비과세제도가 없고, 장기보유특별공제도 최대 30%만 주어지기 때문이다. 이러한 점에 유의해 양도소득세의 크기를 미리 알아보고 매도의사결정을 내리는 것이 좋을 것으로 보인다.

2. 상가 양도소득세 쟁점

상가 양도소득세와 관련해 다음과 같은 내용을 알아두자.

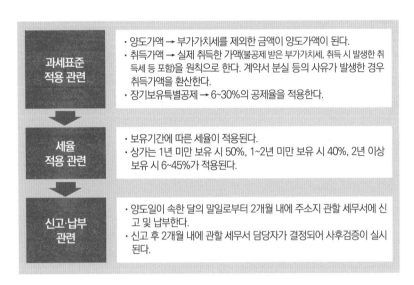

과세표준
적용 관련
- 양도가액 → 부가가치세를 제외한 금액이 양도가액이 된다.
- 취득가액 → 실제 취득한 가액(불공제 받은 부가가치세, 취득 시 발생한 취득세 등 포함)을 원칙으로 한다. 계약서 분실 등의 사유가 발생한 경우 취득가액을 환산한다.
- 장기보유특별공제 → 6~30%의 공제율을 적용한다.

세율
적용 관련
- 보유기간에 따른 세율이 적용된다.
- 상가는 1년 미만 보유 시 50%, 1~2년 미만 보유 시 40%, 2년 이상 보유 시 6~45%가 적용된다.

신고·납부
관련
- 양도일이 속한 달의 말일로부터 2개월 내에 주소지 관할 세무서에 신고 및 납부한다.
- 신고 후 2개월 내에 관할 세무서 담당자가 결정되어 사후검증이 실시된다.

3. 실전 사례

서울 강동구에서 거주하고 있는 심길수 씨는 상가를 양도하고자한다. 자료가 다음과 같다고 할 때 양도소득세를 계산해보자.

〈자료〉
- 양도가액 : 4억 원(VAT 별도)
- 취득가액 : 1억 5천만 원(부가가치세 제외, 취득세 등 포함)
- 감가상각비 계상액 : 5천만 원(임대소득세 계산 시 비용으로 처리된 금액)
- 보유기간 : 15년

상가를 양도할 때는 취득가액의 입증에 관심을 기울여야 한다. 감가상각비가 취득가액에서 차감되기 때문이다. 한편 상가의 장기보유특별공제의 최고한도는 30%가 된다.

구분	금액	비고
양도가액	4억 원	
- 필요경비 　취득가액 　기타필요경비	1억 원 1억 원	당초 취득가액 - 감가상각비 취득세 등
= 양도차익	3억 원	
- 장기보유특별공제	9천만 원	30% 공제(15년×2%)
= 양도소득금액	2억 1천만 원	
- 기본공제	250만 원	연간 1회 적용
= 과세표준	2억 750만 원	
× 세율	38%	
- 누진공제	1,940만 원	
= 산출세액	5,945만 원	

☞ 양도소득세 계산 시 취득가액 관련 실무처리 시 주의할 점

· 상가 취득자가 임대소득세를 계산할 때 감가상각비를 사용했다면 양도소득세 계산 시 이를 취득가액에서 차감해야 한다.

· 취득가액에는 부가가치세가 포함되지 않는 것이 원칙이다. 다만, 자산의 취득과 관련하여 부담한 부가가치세 중 부가가치세법 규정에 의하여 공제받지 못한 매입세액은 취득가액에 포함된다(서면인터넷방문상담4팀-3640, 2007. 12. 26).

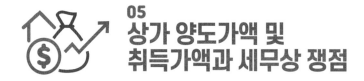

상가 양도가액 및
취득가액과 세무상 쟁점

상가 양도소득세는 양도가액에서 취득가액 등을 차감한 양도차익에 대해 과세를 한다. 따라서 양도차익이 발생하지 않으면 낼 세금도 없다. 따라서 양도가액과 취득가액을 어떻게 정하느냐에 따라 세금 차이가 날 수밖에 없다. 이하에서는 양도가액과 취득가액과 관련된 세무상 쟁점문제를 살펴보자.

1. 양도가액

양도소득세는 무조건 실거래가를 기준으로 과세한다. 따라서 양도가액이 많아질수록 양도차익이 커져 많은 세금부담을 예상할 수 있다. 그렇다면 양도가액과 관련된 세무상 쟁점들에는 어떤 것들이 있는지 알아보자.

1) 양도가액을 낮추어 계약서를 작성하는 경우

양도소득세를 낮추기 위해 다운계약서를 작성하면 어떤 문제가 있을까?

일단 다운계약서 작성은 세법상 심각한 문제를 일으킨다. 이 행위로 인해 세부담을 회피한 것이 발각되면 40%의 가산세가 부과되기 때문이다. 물론 이외에도 취득세의 3배 한도 내에서 과태료 제재를 받게 된다.

2) 기준시가보다 낮게 신고되는 경우

실거래가액이 기준시가보다 낮게 신고되는 경우에도 그 거래가 진실된 것이라면 문제가 없다. 단, 특수관계인 간에는 그렇지 않다.

3) 매수인이 부담하기로 한 양도소득세

매도인이 부담한 양도소득세를 매수인이 부담하기로 하는 경우, 이는 채무를 인수한 효과와 동일하므로 양도재산의 대가에 포함시킨다.

2. 취득가액

양도소득세를 실거래가로 신고하면 제일 큰 문제는 바로 취득가액의 입증에 관한 부분이다. 왜냐하면 이 취득가액이 여러 가지 이유로 낮게 평가될 가능성이 높기 때문이다. 이하에서는 취득가액과 관련된 세무상 문제점을 정리해보자.

1) 실제 취득가액의 범위

실제 취득가액은 당해 자산의 취득에 소요된 실지거래가액을 말한다. 이에는 당해 취득에 대한 대가뿐만 아니라 취득과 관련해 발생한 부대비용까지를 포함한다.

① 소유권 확보를 위해 들어간 비용

· 제세공과금 : 취득세나 이에 부가적으로 붙는 농어촌특별세와 지방교육세를 말한다. 부가가치세는 취득 관련 제세공과금에서 제외되나 환급받지 못한 부가가치세는 이에 포함된다.

· 소송비용 : 취득에 관한 쟁송 중 그 소유권을 확보하기 위해 들어간 소송비용 등은 취득원가에 포함된다.

· 대항력 있는 임차보증금 : 원래 임차보증금은 취득원가를 구성하지 않지만 '주택임대차보호법'에서 규정하는 임차보증금은 경락을 받은 현 소유자가 부담하도록 하고 있으므로 이를 취득원가에 포함시킨다.

· 취득 관련 수수료 : 법무사 비용, 중개수수료, 기타 취득컨설팅 비용이 포함된다.

② 금융비용

단순히 자산취득목적으로 발생한 대출금의 이자상당액은 취득가액에 가산되지 않으나, 사업용자산을 건축하면서 들어간 이자는 취득원가에 가산된다. 하지만 과세관청은 최근 해석을 바꾸어 신축 시 발생한 이자비용을 양도소득세 계산 시 필요경비로 인정하지 않고 있다(양도, 서면-2018-부동산-1729 [부동산 납세과-599], 2019. 6. 10).

③ 위약금·명도비용

부동산 매매계약 시의 해약으로 인해 지급하는 위약금 등은 양도차익 계산 시 필요경비로 공제하지 아니한다.

한편 법원 경매로 취득해 세입자를 내보는 과정에서 발생하는 명도비용은 취득 후의 지출에 해당하므로 이는 취득 관련 비용에 해당하지 않는다(소득세법 집행기준 97-163-18).

그런데 소득세법 시행령 제163조 제5항 제 라목에서는 '매매계약의 매매계약에 따른 인도의무를 이행하기 위하여 양도자가 지출하는 명도비용'은 필요경비로 인정하고 있다. 아래의 심판례를 참조하자.

> **※ 조심 2017서477, 2017. 7. 20**
> 청구인들은 쟁점명도비용을 임차인들에게 지급하지 않았더라면 매매계약이 해제되고 위약금을 부담해야 하는 상황이었으므로, 결국 청구인들이 지급한 쟁점명도비용은 쟁점 부동산 매매계약상 인도의무를 이행하기 위해 부득이하게 지출한 것으로 보이는 점 등 쟁점명도비용은 청구인들이 쟁점 부동산을 '양도'하기 위하여 직접 지출한 비용으로 필요경비에 산입함이 타당하다.

2) 사업용(임대용)자산의 취득가액

양도자산이 사업용으로 사용되는 경우가 있다. 예를 들면 상가가 대표적이다. 그런데 상가에 대한 임대소득세를 계산하는 과정에서 건물에 대한 감가상각비를 장부에 계상한 경우에는 임대소득세가 줄어들게 된다. 그런데 이 자산을 양도한 경우 취득가액에서 감가상각비를 차감하지 않으면 이중으로 세금혜택을 보게 된다. 이러한 점 때문에 현행 세법에서는 감가상각비를 계상한 사업용자산에 대한 취득가액은 감가상각비를 공제한 잔액으로 하고 있다. 그 결과 양도소득세 부담은 증가함을 알 수 있을 것이다.

Q. 임대사업자가 장부를 작성한 경우 장부상의 금액을 취득가액으로 할 수 있을까?

세법은 실지거래가액으로 양도차익을 계산하는 경우로 '장부, 매매계약서, 영수증 등 증빙서류'에 의해 당해자산의 취득 당시의 실지거래가액을 인정 또는 확인할 수 없는 경우에 취득가액은 매매사례가액, 감정가액, 환산가액의 순서에 의하도록 하고 있다. 따라서 양도소득세 계산 시 장부가액을 사용하는 것은 아님을 알 수 있다.

3) 취득가액이 의제되는 경우

다음의 경우에는 취득가액을 법에 의해 정해진 방법으로 평가를 해야 한다.

① 상속 또는 증여받은 자산

상속 또는 증여받은 자산은 상증법에 의한 상속·증여 당시의 평가액을 취득 당시 실거래가액으로 하고 있다. 상속·증여 당시의 평가액은 원칙적으로 시가를 말하나 매매사례가액, 감정평가액 등도 시가로 간주된다. 만일 시가가 확인되지 않으면 보충적인 평가액인 기준시가를 평가액으로 할 수밖에 없다.

② 배우자 등 이월과세

배우자(또는 직계존비속)로부터 증여받은 자산을 증여일로부터 5년 이내에 양도하는 경우, 취득가액을 당초 증여자가 취득한 가액으로 한다. 이는 배우자 간 증여를 통해 세부담을 회피하는 것을 방지하기 위한 제도에 해당한다.

4) 취득가액이 불분명한 경우

취득가액이 불분명한 경우에는 매매사례가액, 감정가액, 환산가액, 기준시가순으로 취득가액을 계산한다.

① 매매사례가액

양도일 또는 취득일 전후 각 3월 이내에 당해 자산과 동일하거나 유사한 자산의 매매사례가액이 있는 경우, 그 가액을 취득가액으로 한다.

② 감정가액

양도일 또는 취득일 전후 각 3월 이내에 당해 자산(주식 등은 제외)에 대해 2 이상의 감정평가법인이 평가한 금액을 취득가액으로 하는 것을 말한다. 단, 여기서 감정평가액은 양도일 또는 취득일 전후 각 3월 이내인 것에 한한다.

③ 환산가액

이는 양도 당시의 실지거래가액, 매매사례가액 또는 감정가액을 다음과 같은 방법으로 환산해 취득가액을 계산하는 것을 말한다.

$$\cdot \text{양도 당시의 실지거래가액 등} \times \frac{\text{취득 당시의 기준시가}}{\text{양도 당시의 기준시가}}$$

☞ 환산가액 적용 시 주의할 점

　납세의무자가 신고한 환산취득가액은 관할 세무서장이 인정하는 경우에만 사용할 수 있다. 따라서 관할 세무서에 신고된 금액이 있거나 조사에 의해 실제 거래금액이 밝혀지면 실제취득가액으로 경정되어 세금이 추징될 수 있다. 이때 신고불성실가산세와 납부지연가산세는 피할 수가 없게 된다. 이외에 환산가액이나 감정평가액으로 신고된 건물가격에 대해서는 5%의 가산세가 별도로 부과된다(2018년 이후 취득분부터 적용).

※ 관련 심판례 : 조심2011중1053, 2011. 7. 25
갑이 양도한 부동산에 대하여 취득가액 불분명으로 환산가액으로 신고한 것에 대하여 과세관청이 실지취득가액을 알 수 없는지 여부에 대하여 갑을 세무조사 대상자로 선정할 수 있는 것이며, 조사결과 확인된 사실에 따라 과세할 수 있음.

06 상가 필요경비 관련 양도소득세 절세법

상가 양도소득세를 신고할 때 대두되는 쟁점은 주택이나 토지처럼 많지가 않다. 비과세나 감면 같은 제도가 없어 이에 대한 판단을 할 필요가 없기 때문이다. 다만, 양도가액이 크기 때문에 다운계약서 작성과 같은 편법이 자칫 등장할 수 있는데, 이러한 점에 유의할 필요가 있다. 이하에서는 상가 양도소득세 절세법 등에 대해 알아보자.

1. 기본 사례

K씨는 20여 년 전에 취득한 상가를 양도하려고 한다.

〈자료〉
· 매매예상가액 : 5억 원
· 취득계약서는 분실함.

Q¹. 취득계약서를 분실한 경우 취득가액은 어떻게 계산하는가?

실지거래가액에 의해 부동산의 양도차익을 계산함에 있어 '실지 취득가액'이라 함은 취득당시 거래당사자 간에 실지거래된 가액으로써 매매계약서, 영수증 등 객관적인 증빙서류에 의해 확인되는 가액을 말한다. 객관적인 자료로서 당해 자산의 취득에 소요된 실지거래가액을 확인할 수 없는 경우에는 그 취득가액은 매매사례가액, 감정가액 또는 환산가액을 순차적으로 적용해 산정한다.

Q². 취득가액을 환산하면 무조건 이를 인정하는가?

그렇지 않다. 환산취득가액으로 취득가액을 신고했더라도 관할 세무서에서 취득 당시의 실지거래가액을 확인해 입증하는 경우에는 실지거래가액에 의해 양도소득세가 경정될 수 있다. 따라서 실지거래가액이 인정 또는 확인되지 않고 매매사례가액, 감정가액이 없는 경우에는 일반적으로 환산가액을 적용할 수 있다.

＊환산가액에 의한 취득가액 산정 방법

$$\cdot\ 양도\ 당시의\ 실지거래가액 \times \frac{취득\ 당시의\ 기준시가}{양도\ 당시의\ 기준시가} = 환산\ 취득가액$$

Q³. 취득가액을 환산하면 가산세를 부과받는다는 것은 무슨 말인가?

취득가액을 감정이나 환산해서 양도소득세를 신고하는 경우, 해당 금액의 5%를 가산세로 부과하는 제도를 말한다. 2018년 이후 취득한 분부터 적용되고 있다.

Q⁴. 거래확인서 등의 형식으로 취득 시 매매계약서를 대신해 양도소득세 신고를 할 수 있는가?

세법은 취득 당시의 실지거래가액을 확인할 수 없는 경우에는 매매사례가액, 감정가액, 환산가액을 취득가액으로 하는 것이므로 거래사실확인서에 인감증명서 등을 첨부하는 경우에도 취득가액으로 인정하지 않는 것이 원칙이다. 이는 조작의 가능성이 있기 때문이다. 다만, 거래사실확인서와 함께 자금증빙 등이 있다면 이를 취득가액으로 인정받을 수 있을 것으로 보인다.

2. 상가 양도 시 발생하는 양도소득세

상가를 양도할 때 발생하는 양도소득세는 다음과 같은 점을 고려해 실무처리를 해야 한다.

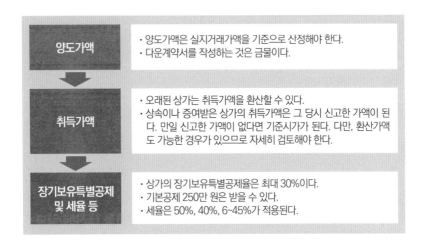

양도가액	• 양도가액은 실지거래가액을 기준으로 산정해야 한다. • 다운계약서를 작성하는 것은 금물이다.
취득가액	• 오래된 상가는 취득가액을 환산할 수 있다. • 상속이나 증여받은 상가의 취득가액은 그 당시 신고한 가액이 된다. 만일 신고한 가액이 없다면 기준시가가 된다. 다만, 환산가액도 가능한 경우가 있으므로 자세히 검토해야 한다.
장기보유특별공제 및 세율 등	• 상가의 장기보유특별공제율은 최대 30%이다. • 기본공제 250만 원은 받을 수 있다. • 세율은 50%, 40%, 6~45%가 적용된다.

3. 실전 사례

1. K씨는 상가를 4억 원에 취득해 최근 이를 양도했다.

Q1. 양도 시 필요경비로 인정받기 위한 입증방법은?

필요경비는 입증서류에 근거해 실제 지출된 사실이 확인되어야 한다. 이에는 계약서 및 영수증 등이 있으며, 영수증은 세금계산서(주민번호로 수령 가능), 정규영수증 또는 간이영수증, 무통장입금증, 현금영수증 등으로 공급자의 인적사항(사업자등록번호, 주민등록번호, 성명)과 공급물품, 공급일자, 가액 등이 명시되어야 된다.

Q². 컨설팅 수수료도 인정되는가?

자산을 취득 및 양도하기 위해 직접적으로 지출된 컨설팅 비용은 필요경비로 공제된다. 다만, 이에 해당하는지 여부는 컨설팅계약서, 지급증빙 등을 확인해 관할 세무서장이 사실 판단할 사항이다.

Q³. 중개수수료는 무슨 증빙으로 입증해야 하는가?

부동산 양도 시의 중개수수료는 양도비용에 해당되므로 중개수수료가 매매계약서와 영수증(세금계산서, 현금영수증, 신용카드영수증, 간이영수증 등) 등 지출증빙에 의해 입증되는 경우 필요경비로 공제 가능하다.

2. K씨는 2020년 3월에 상가를 매입한 후 일반과세로 임대사업자등록을 했다. 매입 후 리모델링으로 공사비 3천만 원을 세금계산서를 발급받고 공사했다.

Q¹. 앞의 리모델링 공사비는 종합소득세 신고 시 경비로 공제 가능한가?

종합소득세는 수입에서 비용을 차감한 소득에 대해 부과한다. 이때 앞의 인테리어비용이 전액 비용으로 인정되는지, 그리고 아니면 일단 자산처리 후 감가상각을 통해 비용처리가 되는지를 결정해야 한다. 이에 대해 세법은 자본적 지출에 해당하면 자산(자산으로 계상한 후 감가상각비로 비용처리), 수익적 지출에 해당하면 당기 비용으로 처리하도록 하고 있다.

구분	자본적 지출	수익적 지출
구분 기준	감가상각자산의 내용연수를 연장시키거나 해당 자산의 가치를 현실적으로 증가시키기 위해 지출한 수선비	감가상각자산의 원상을 회복시키거나 능률 유지를 위해 지출한 수선비
예시	1. 본래의 용도를 변경하기 위한 개조 2. 엘리베이터 또는 냉난방장치의 설치 3. 상가 등의 피난시설 등의 설치 4. 재해 등으로 인해 건물·기계·설비 등이 멸실 또는 훼손되어 해당 자산의 본래 용도로의 이용가치가 없는 것의 복구 5. 기타 개량·확장·증설 등 제1호부터 제4호까지와 유사한 성질의 것	1. 건물 또는 벽의 도장 2. 파손된 유리나 기와의 대체 3. 기계의 소모된 부속품 또는 벨트의 대체 4. 자동차 타이어의 대체 5. 재해를 입은 자산에 대한 외장의 복구·도장 및 유리의 삽입 6. 기타 조업 가능한 상태의 유지 등 제1호부터 제5호까지와 유사한 성질의 것

여기서 자본적 지출은 건물의 내용연수를 연장시키거나 가치를 현실적으로 증가시키기 위해 지출한 비용을, 수익적 지출은 건물의 원상회복을 위한 개·보수 작업 등과 같이 당해 자산을 원상 회복하거나 능률을 유지하는 데 소요되는 비용을 말한다. 따라서 물음 1의 경우 상가의 리모델링 공사비는 자본적 지출에 해당한다고 볼 수 있다.

Q². 앞의 리모델링 공사비는 양도신고 시 필요경비공제로 공제 가능한가?

양도소득세는 양도가액에서 취득가액과 기타필요경비를 차감한 양도차익에 대해 과세하는 세금이다. 그런데 여기서 기타필요경비에는 자본적 지출액도 포함되는데, 따라서 사례의 경우 리모델링 공사비는 자본적 지출에 해당한다.

Q³. 앞의 리모델링 공사비를 종합소득세 신고와 양도소득세 신고 시

모두 공제받을 수 있는가?

그렇지 않다. 양도소득세 신고 시에 자본적 지출액에 해당하는 금액은 종합소득세 신고 때 비용처리했거나 자산으로 등재 후 감가상각비로 처리한 경우에는 양도소득세 계산 시 필요경비에서 차감해야 한다. 이중 공제가 되기 때문이다.

Tip 상가 취득비용에 대한 양도소득세 필요경비 해당 여부 요약

지출항목	내용	양도소득세 필요경비 해당 여부
취득 관련 세금	취득가액의 4.6%(중과세율 13.4%)	○
부가가치세	건물가액의 10%	× (환급받은 경우에는 불가)
채권할인비용	채권구입 후 이를 할인하면서 발생한 비용	○
법무사비용	등기 관련 수수료	○
중개수수료	중개 관련 수수료	○
소개수수료	알선 수수료	○
컨설팅비용	경매 시 제3자의 컨설팅비용	○
명도소송비용	낙찰 시 소유권 확보를 위한 소송비용	△*
이사지원비용	낙찰 시 임차인 등을 위한 이사비용 지원	△*
체납관리비 대납	낙찰 시 임차인 등이 체납한 관리비를 낙찰자가 대납	△*

* 소유권 확보 등과 직접적으로 발생한 비용(계약상 인도의무 이행에 따른 명도비용 등)은 필요경비에 해당하나 그렇지 않은 경우에는 필요경비에 해당하지 아니한다. 건별로 사실판단을 해야 한다.

07
상가 감가상각 의사결정

상가건물에 대한 감가상각비를 처리해 임대소득세에 반영할 것인지, 아니면 향후 양도소득세 신고 때 반영할 것인지 이에 대한 의사결정을 내려보자.

〈자료〉
· 총취득가액 5억 원(건물가액 3억 원), 부가가치세 별도

STEP 1 감가상각비에 대한 절세효과
먼저 감가상각에 의한 절세효과를 계산해보자.

① 건물에 대한 감가상각비 계산

보통 상가건물에 대한 감가상각연수는 통산 40년을 기준으로 ±25% 내에서 정할 수 있다. 따라서 납세자들은 30~50년 중에서 감가상각연수를 선택할 수 있다.

한편 건물에 대한 감가상각방법은 정액법(매년 균등하게 상각하는 방법)으로 상각할 수 있다. 따라서 감가상각비는 '감가상각연수와 감가상각방법'의 조합에 따라 감각상각비의 크기가 결정된다. 사례의 경우 30년, 정액법으로 상각한다고 하면 연간 1천만 원(3억 원 ÷30년)이 상각비가 되므로 5년간 총 5천만 원을 상각비로 처리하는 셈이 된다.

※ 건물구조에 따른 감가상각 내용연수

구분	기준내용연수	내용연수*
철골구조	40년	30~50년
목재구조	20년	15~30년

* 이 기간 내에서 납세자가 임의적으로 선택할 수 있다.

② 감가상각비에 대한 절세효과

감가상각비는 임대소득세를 줄이게 된다. 따라서 적용되는 세율에 따라 절세효과가 달라진다.

구분	6%	15%	24%	35%	38%
감가상각비	5천만 원	5천만 원	5천만 원	5천만 원	5천만 원
절세효과*	300만 원	750만 원	1,200만 원	1,750만 원	1,900만 원

* 이외 지방소득세가 10% 추가된다.

표를 보면 임대소득에 대해 적용되는 세율이 커질수록 절세효과 금액도 커지게 된다.

STEP 2 5년 후 상가의 양도소득세 계산

다음으로 5년 후에 상가를 양도하는 경우의 양도소득세 계산을 해보자. 이때는 양도차손이 발생할 수도 있고 양도차익이 발생할 수도 있다. 양도가액의 변화에 따른 양도소득세를 계산하면 다음과 같다.

구분	금액			
양도가액	4억 5천만 원	5억 5천만 원	6억 원	6억 5천만 원
– 취득가액	5억 원	5억 원	5억 원	5억 원
= 양도차익	△5천만 원	5천만 원	1억 원	1억 5천만 원
– 장기보유특별공제	–	500만 원*	1천만 원	1,500만 원
– 기본공제	–	250만 원	250만 원	250만 원
= 과세표준	–	4,250만 원	8,750만 원	1억 3,250만 원
×세율		15%	24%	35%
– 누진공제		108만 원	522만 원	1,490만 원
= 산출세액	–	529만 원	1,578만 원	3,147만 원

* 5천만 원×10%(=5년×2%)=500만 원

STEP 3 의사결정

임대소득세와 양도소득세의 크기에 따라 의사결정을 내릴 수 있다.

· 임대소득세율이 6% 이하인 경우 → 양도소득세율이 6%를 초과하는 것으로 예상되는 경우 감가상각비 계상하지 않는 것이 유리
· 임대소득세율이 38% 초과하는 경우 → 감가상각비를 계상하는 것이 유리(∵화폐의 시간가치에 의해 현재시점, 즉 임대소득세 신고 시에 절세효과를 누리는 것이 유리함)

08 상가권리금과 세금

권리금(權利金)은 사업을 양수도하는 과정에서 사업의 매도인이 사업의 매수인으로부터 받는 사업양수도 대가 이외의 금전을 말한다. 이러한 권리금에 대해서는 세금문제가 뒤따르는데 이하에서 이에 대해 살펴보자.

1. 기본 사례

K씨는 음식점을 경영하고 있다. K씨는 사업양수인 L씨와 부가가치세법 제10조 제8항 제2호의 사업양도(재화의 공급으로 보지 않는 사업의 양도)를 추진하고 있다. 이때 K씨는 L씨에게 음식점 권리금으로 5천만 원을 요구하고 있는 상황이다.

Q¹. 권리금에 대해서는 부가가치세가 과세되는가?

과세사업을 영위하는 사업자가 당해 사업과 관련해 영업권을 양도하고 대가를 받는 때는 부가가치세가 과세되는 것이 원칙이다. 다만, 포괄적으로 사업을 양도하면서 영업권에 대한 대가를 받는 때는 재화의 공급으로 보지 아니하여 부가가치세가 과세되지 아니한다(부가46015-1695, 1998. 07. 28).

Q². 권리금에 대해서는 소득세가 부과되는가?

사업양수도를 하면서 부동산과 함께 권리금이 수수되면 이는 양도소득에 해당하나, 부동산 양도 없이 받는 권리금은 기타소득에 해당한다.

Q³. 권리금이 기타소득에 해당하는 경우 필요경비는 얼마인가?

60%다. 즉 권리금수입의 60%는 경비로 인정된다는 뜻이다.

Q⁴. 권리금은 비용처리할 수 있는가? 그리고 지급자는 원천징수를 해야 하는가?

권리금을 지급한 사업양수인인 L씨는 이를 장부에 반영하면 5년 동안 균등하게 나눠서 비용으로 처리할 수 있다. 비용으로 처리가 되면 사업에 대한 소득세가 줄어들기 때문에 절세 측면에서 유리하다. 단, 원칙적으로 세금계산서를 받아야 하며, 지급근거가 확인되어야 세무조사 시 문제가 없다는 점에 유의해야 한다. 한편 사업양수인 L씨는 다음의 금액을 원천징수해야 한다. 만일 이에 대한 업무를 제대로 하지 않으면 가산세 등이 부과된다.

- 기타소득금액의 22% = (5천만 원−5천만 원×60%)×22% = 440만 원
- 또는 기타소득의 8.8% = 5천만 원×8.8% = 440만 원
  ☞ 위에서 기타소득금액은 수입금액에서 필요경비(60%)를 제외한 금액을, 기타소득은 수입금액을 말한다.

2. 권리금에 대한 세무처리

권리금에 대한 세무처리를 요약하면 다음과 같다.

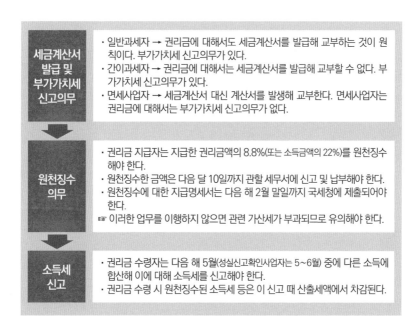

세금계산서 발급 및 부가가치세 신고의무
- 일반과세자 → 권리금에 대해서도 세금계산서를 발급해 교부하는 것이 원칙이다. 부가가치세 신고의무가 있다.
- 간이과세자 → 권리금에 대해서는 세금계산서를 발급해 교부할 수 없다. 부가가치세 신고의무가 있다.
- 면세사업자 → 세금계산서 대신 계산서를 발생해 교부한다. 면세사업자는 권리금에 대해서는 부가가치세 신고의무가 없다.

원천징수 의무
- 권리금 지급자는 지급한 권리금액의 8.8%(또는 소득금액의 22%)를 원천징수 해야 한다.
- 원천징수한 금액은 다음 달 10일까지 관할 세무서에 신고 및 납부해야 한다.
- 원천징수에 대한 지급명세서는 다음 해 2월 말일까지 국세청에 제출되어야 한다.
  ☞ 이러한 업무를 이행하지 않으면 관련 가산세가 부과되므로 유의해야 한다.

소득세 신고
- 권리금 수령자는 다음 해 5월(성실신고확인사업자는 5~6월) 중에 다른 소득에 합산해 이에 대해 소득세를 신고해야 한다.
- 권리금 수령 시 원천징수된 소득세 등은 이 신고 때 산출세액에서 차감된다.

☞ 상가 등과 함께 양도하면서 발생한 권리금은 양도소득세로 과세됨에 유의해야 한다.

포괄양수도와 관련된 부가가치세법 등의 관련 규정을 살펴보면 다음과 같다. 이러한 내용을 살펴보는 것도 나름대로 중요성이 있다.

1. 포괄양수도계약의 의의

상가를 공급하는 것은 재화의 공급에 해당되어 부가가치세가 과세되는 것이 원칙이다. 이때 매도자는 부가가치세를 징수 및 납부하는 한편, 매수자는 환급을 받게 되므로 국가의 입장에서는 징수의 실익이 없다. 이에 세법은 해당 거래가 사업의 포괄적 양도에 해당하는 경우에는 상가의 공급을 재화의 공급에서 제외하는 특례를 두고 있다.

2. 포괄양수도계약의 요건

이에 대해서는 다음의 부가가치세 제10조 등을 참조하기 바란다.

1) 부가가치세법 제10조【재화 공급의 특례】

⑨ 다음 각 호의 어느 하나에 해당하는 것은 재화의 공급으로 보지 아니한다.

   1. 재화를 담보로 제공하는 것으로서 대통령령으로 정하는 것(아래 2) 참조)

   2. 사업을 양도하는 것으로서 대통령령으로 정하는 것. 다만, 제52조 제4항에 따라 그 사업을 양수받는 자가 대가를 지급하는 때에 그 대가를 받은 자로부터 부가가치세를 징수하여 납부한 경우는 제외한다. (2014. 1. 1. 단서신설)[16]

---

16) 단서 규정은 부가가치세를 사업양수인이 징수해 납부하면 재화의 공급으로 보아 정당한 거래로 인정한다.

2) 부가가치세법 시행령 제23조【재화의 공급으로 보지 아니하는 사업 양도】

법 제10조 제9항 제2호 본문에서 '대통령령으로 정하는 것'이란 사업장별로 그 사업에 관한 모든 권리와 의무를 포괄적으로 승계시키는 것('법인세법' 제46조 제2항 또는 제47조 제1항의 요건을 갖춘 분할의 경우 및 양수자가 승계받은 사업 외에 새로운 사업의 종류를 추가하거나 사업의 종류를 변경한 경우를 포함한다)을 말한다. 이 경우 그 사업에 관한 권리와 의무 중 다음 각 호의 것을 포함하지 아니하고 승계시킨 경우에도 그 사업을 포괄적으로 승계시킨 것으로 본다.

1. 미수금에 관한 것
2. 미지급금에 관한 것
3. 해당 사업과 직접 관련이 없는 토지·건물 등에 관한 것으로서 기획재정부령으로 정하는 것

※ 부가가치세법 집행기준 6-17-1【사업양도의 구체적 범위】

재화의 공급으로 보지 아니하는 사업양도란 사업장별로 사업용 자산을 비롯한 물적·인적시설 및 권리와 의무를 포괄적으로 승계시키는 것을 말하며(미수금, 미지급금, 사업과 관련 없는 토지·건물 등 제외), 다음과 같은 사례가 포함된다.

1. 개인인 사업자가 법인설립을 위하여 사업장별로 그 사업에 관한 모든 권리와 의무를 포괄적으로 현물출자하는 경우
2. 과세사업과 면세사업을 겸영하는 사업자가 사업장별로 과세사업에 관한 모든 권리와 의무를 포괄적으로 양도하는 경우
3. 과세사업에 사용·소비할 목적으로 건설 중인 독립된 제조장으로서 등록되지 아니한 사업장에 관한 모든 권리와 의무를 포괄적으로 양도하는 경우
4. 사업과 관련 없는 특정 권리와 의무, 사업의 일반적인 거래 이외에서 발생한 미수채권·미지급채무를 제외하고 사업에 관한 모든 권

리와 의무를 승계시키는 경우

5. 사업의 포괄적 승계 이후 사업양수인이 사업자등록만을 지연하거 나 사업자등록을 하지 아니한 경우

6. 사업을 포괄적으로 승계받은 자가 승계받은 사업 이외에 새로운 사업의 종류를 추가하거나 사업의 종류를 변경한 경우(2006. 2. 9 이 후 사업양도분부터 적용한다)[17]

7. 주사업장 외에 종사업장을 가지고 있는 사업자단위과세승인사업 자가 종사업장에 대한 모든 권리와 의무를 포괄적으로 승계시키 는 경우

8. 2 이상의 사업장이 있는 사업자가 그중 한 사업장에 관한 모든 권 리와 의무를 포괄적으로 양도하는 경우

〈관련 예규〉

· 부동산 임대업자가 임대업에 사용하던 부동산을 과세사업과 면세 사업을 겸영하는 약국 사업자에게 양도하고, 양수자는 해당 부동산 을 약국 사업(과세·면세 사업 겸업)에 사용하는 경우에는 사업의 양 도에 해당하지 아니하는 것이다(서면3팀-3059, 2006. 12. 7).

· 부동산 임대업자가 임대업에 공하는 부동산의 전부를 임차하여 음 식점업을 영위하는 임차인에게 부동산 임대업에 공하던 토지와 건 물 등 일체의 인적·물적권리와 의무를 포괄적으로 양도하고, 임 차인이 해당 부동산에서 계속하여 음식점업을 영위하는 경우에 는 사업의 양도에 해당하지 않는 것이다(법규부가 2010-293, 2010. 10. 27, 재부가-590, 2011. 9. 23, 재부가-592, 2011. 9. 23, 재부가-601, 2011. 9. 30).

---

17) 부가, 부가가치세과-36, 2010. 1. 8
부동산 임대업을 영위하던 사업자가 그 사업과 관련된 모든 권리와 의무를 포괄 적으로 양수인에게 승계시킨 후 양수인이 그 부동산 임대업을 다른 과세사업으 로 변경하는 경우에는 '부가가치세법' 제6조 제6항 제2호의 규정에 따라 재화의 공급으로 보지 않는 사업의 양도에 해당하는 것임.

- 사업자가 다수의 사업장에 대하여 하나의 사업자등록번호로 부동산 임대업을 영위하다가 그중 하나의 사업장에 관한 모든 권리와 의무를 포괄적으로 승계시키는 경우에는 사업의 양도에 해당한다(부가-892, 2009. 3. 6, 부가-1150, 2010. 9. 1. 부가-1440, 2011. 11. 18).
- 집합건물 내에 2개 이상의 구분점포를 소유한 자가 이를 하나의 사업장으로 하여 사업자등록을 하고 부동산 임대업을 영위하다가 그중 임대차계약기간이 만료되어 공실 상태인 하나의 구분점포를 양도하는 경우에는 사업의 양도에 해당하지 아니하는 것이다(법규부가 2011-450, 2011. 11. 15).
- 부동산 임대업자가 구분 등기가 안 된 건물을 매입하여 하나의 사업자번호로 등록한 후 임대업에 사용하다가 해당 건물을 구분 등기하여 전체 건물 중 일부만을 다른 임대업자에게 양도하는 경우에는 사업양도에 해당하지 아니하는 것이다(부가-1292, 2011. 10. 20).
- 모텔 임대사업자가 모텔 임대계약을 해지한 상태에서 그 모텔을 양도한 경우 부가가치세법 제10조 제8항 제2호에 따른 사업의 포괄양도·양수에 해당하지 않는다(재부가-487, 2012. 9. 28).
- 임대 부동산을 담보로 차입한 금융기관 부채를 양수도일 이전에 변제하고, 임대차계약과 이에 따른 임대보증금과 기타 모든 사업용 고정자산을 포괄적으로 양수인에게 승계하여 사업의 동일성을 유지하면서 경영주체만 교체된 경우에는 부가가치세법 제10조 제8항 제2호의 재화의 공급으로 보지 않는 사업의 양도에 해당하는 것이다(법규부가 2013-32, 2013. 2. 14. 법규부가 2011-93, 2011. 3. 11).

3. 포괄양수도계약이나 세금계산서를 교부한 경우의 실무처리

원래 포괄사업양수도계약을 맺으면 세금계산서를 발급하지 않는 것이 원칙이다. 하지만 실무에서 보면 포괄양수도계약을 맺었음에도 불구하고, 세금계산서를 발급하는 경우가 왕왕 있다. 이러한 상황에서 실무처리를 어떻게 할 것인지가 쟁점이 되곤 했다. 다음 사례를 통해 이 문제를 해결해보자.

<사례>

L씨는 상가를 매수하면서 포괄양수도계약을 했다. 그런데 포괄양수도계약을 한 것에 확신이 서지 않아 세금계산서를 주고받기로 했다. 이러한 상황에서 부가가치세 환급신청을 하려고 준비 중에 있는데 관할 세무서에서는 부가가치세를 매수인인 L씨가 미리 냈어야 환급이 가능하다고 한다. 왜 그럴까?

앞의 문제에 대해 논리적으로 답을 찾아보자.

STEP 1 쟁점은?
사업양수인인 L씨가 사업양도인에게 지급한 부가가치세를 환급받기 위해서 L씨가 부가가치세를 대신 납부해야 하는지가 쟁점이 된다.

STEP 2 세법규정은?
사업의 양도는 세금계산서를 발급하지 않는 것이 원칙이다. 그런데 공급시기에 세금계산서를 발급하고 매수인이 매도인으로부터 부가가치세액을 징수해 그 대가를 지급하는 날이 속하는 달의 말일까지 대리납부하는 경우에는 적법한 처리방법으로 본다. 다만, 기한 내 납부되지 않은 경우에는 이 제도가 적용되지 않는다.

STEP 3 결론은?
관할 세무서의 입장에서는 해당 부가가치세액이 국고에 입금되었음을 확인한 후에 이를 사업양수인에게 환급을 해주겠다는 입장을 가지고 있는 것으로 보인다. 사업양도인이 해당 부가가치세를 납부하지 않으면 국가 입장에서는 손해가 발생할 수 있기 때문이다. 따라서 사업포괄양수도계약임에도 불구하고 세금계산서를 발급하는 경우에는 매수자가 대리납부를 해야 환급을 받을 수 있음에 유의해야 한다.

※ **부가가치세법 집행기준 10-23-3(사업양수인의 부가가치세 대리납부특례)**

① 2014. 1. 1 이후 사업을 양도하는 분부터는 재화의 공급으로 보지 아니하는 사업양도에 해당하더라도 그 사업을 양수받는 자가 그 양수에 따른 대가를 양도하는 자에게 지급하는 때에 그 대가에 따른 부가가치세를 관할 세무서장에게 신고·납부한 경우에는 재화의 공급으로 본다.

☞ 포괄양수도계약에 의한 경우라도 부가가치세를 신고·납부한 경우에는 이를 재화의 공급으로 인정하겠다는 것을 의미한다.

② 제1항에 따라 대리납부*하는 경우에도 사업양도인은 사업양수인에게 세금계산서를 발급해야 하며, 사업양수인은 자기의 사업을 위해 사용했거나 사용할 목적으로 부담한 매입세액인 경우 자기의 매출세액에서 공제받을 수 있다.

* 대리납부 : 사업양수인이 사업양도인을 대신해 부가가치세를 납부하는 제도를 말한다.

③ 사업을 포괄적으로 양수받는 자는 그 대가를 지급하는 때에는 해당 거래가 부가가치세 과세대상에 해당하지 아니함에도 불구하고 그 대가를 받은 자로부터 부가가치세를 징수해 그 대가를 지급하는 날이 속하는 달의 말일까지 법 제49조(확정신고와 납부) 제2항을 준용해 사업장 관할 세무서장에게 납부할 수 있다.

☞ 포괄양수도계약을 맺으면 부가가치세가 과세되지 않으나, 사업양수인이 이를 무시하고 대리납부하는 경우에 이를 인정하겠다는 것을 의미한다.

④ 사업양수인이 제3항에 따라 거래징수하지 아니하거나 대리납부하지 아니한 경우로써 포괄적인 사업양도가 아닌 경우에는 그 공급시기에 사업양수인이 제2항에 따라 발급받은 세금계산서상의 매입세액은 자기의 매출세액에서 공제받을 수 있다.

☞ 포괄적인 양수도가 아닌 경우에는 사업양도에 대해서는 부가가치세가 과세되는 것인 만큼 이에 대한 부가가치세는 사업양수인이 환급을 받을 수 있다는 것을 의미한다.

Tip 포괄양수도와 사업양수인의 부가가치세 대리납부와의 관계

구분	부가가치세 발생 여부	매수인의 부가가치세 환급조건
포괄양수도계약 ○	· 원칙 : × · 예외 : ○ (매도인이 세금계산서 발급 시)	대리납부제도에 의해 환급
포괄양수도계약 ×	○	없음. (조기환급신고 등을 통해 환급)

상가를 분양 또는 취득한 후 이를 연속적으로 양수도하는 과정에서 부가가치세와 관련해 혼란을 겪는 경우가 많다. 취득 후 10년 내에 양도하면 당초 환급받은 부가가치세를 추징당하는지, 상가임대사업자가 다른 업종을 영위하는 사업자에게 상가를 양도하면 역시 환급받은 부가가치세를 추징당하는지 등이 그렇다. 이하에서 사례를 통해 이에 대해 정리해보자.

〈자료〉

A씨는 다음과 같이 상가를 분양받았다.

구분	토지 분양대금	건물 분양대금	부가가치세
20×6. 1. 1.	5천만 원	5천만 원	500만 원
20×6. 2. 1.	5천만 원	5천만 원	500만 원
20×6. 3. 1.	1억 원	1억 원	1천만 원
계	2억 원	2억 원	2천만 원

Q1. A씨가 이 부가가치세를 환급받기 위해서 취할 조치는 무엇인가?

일반과세자로 사업자등록을 해서 조기환급신청 등을 통해 환급을 받으면 된다.

Q2. A씨는 이 부가가치세를 환급받은 후 임대를 하다가 5년 후에 음식점업을 준비하고 있는 B씨에게 이 상가를 5억 원(부가가치세 별도)에 양도하고자 한다. 이때 부가가치세는 얼마인가(5년 후 건물공급가액은 1억 원으로 평가된다)?

상가의 양도는 부가가치세법상 재화의 공급이므로 총공급가액 중 건물공급가액의 10% 상당액에 대해 부가가치세가 발생한다. 따라서 사례의 경우 건물공급가액 1억 원의 10%인 1천만 원이 새롭게 발생한 부가가치세에 해당한다.

Q³. 이 경우 부가가치세 없이 양도하려면 어떻게 해야 하는가?

포괄양수도계약요건을 갖추어야 한다. 우선 포괄양수도계약 시 사업양도인 A씨와 사업양수인 B씨의 업종이 같아야 한다.[18] 사례의 경우 A씨는 임대업, B씨는 음식점업을 영위하므로 포괄양수도계약이 성립하지 않는다.

Q⁴. 물음 2와 3처럼 거래를 하면 A씨는 분양 당시 환급받은 2천만 원은 추징되지 않는가?

A씨가 당초 환급받은 부가가치세 2천만 원은 이번 B씨의 거래에 전혀 영향을 미치지 않는다. B씨와 새로운 거래를 통해 부가가치세 1천만 원이 발생했기 때문이다. 즉 A씨의 부가가치세 징수의무를 B씨가 이어받았기 때문이다. 만일 B씨가 면세사업자라면 앞으로는 더 이상 사업을 통해 부가가치세가 발생하지 않으므로 이때는 당초 환급받은 부가가치세 중 10년 중 미경과한 기간에 대한 부가가치세를 추징하게 된다(면세전용에 해당).

Q⁵. 상가를 매수한 B씨가 이 상가를 취득한 후 3년 후에 C씨에게 6억 원(건물공급가액 8천만 원으로 평가됨)에 양도하려고 한다. 이 경우 부가가치세는 얼마인가?

상가를 매수한 B씨가 이 상가를 취득한 후 3년 후에 다른 사업자인 C씨에게 6억 원(건물공급가액 8천만 원으로 평가됨)에 양도하는 경우 건물가액은 8천만 원으로 평가되므로 부가가치세는 800만 원이 발생하게 된다.

---

18) 포괄양수 후 업종변경이나 업종추가는 문제가 없다.

Q⁶. 물음 5에서 B씨는 전 매도인 A씨와 거래 시 발생한 부가가치세는 추징되지 않는가?

B씨는 C씨와 상가 양도거래를 통해 부가가치세 800만 원을 발생시켰다. 따라서 이를 징수해 납부하고 환급을 받거나, 포괄양수도계약이 성립되면 이의 없이 계약을 성사시킬 수 있다. 이렇게 부가가치세 거래가 이어지면 B씨는 B씨와 A씨의 거래에서 발생한 부가가치세 1천만 원은 전혀 신경 쓸 필요가 없다.

이렇게 상가의 양도거래가 'A → B → C 등'으로 이어지는 과정에서 발생한 부가가치세는 납부 및 환급되면서 최종소비자에 이르게 된다. 예를 들어 앞 상가의 최초 건물공급가액은 2억 원(부가가치세는 2천만 원)이었는데, 20년 후에 10억 원이 되었다면 최종적인 부가가치세는 1억 원이 된다. 따라서 최종소비자(소유자)가 이 단계에서 사업을 폐지한다면 더 이상 부가가치세가 전가되지 않으므로 이때 누적된 부가가치세를 한꺼번에 추징당할 가능성이 높아진다.

☞ 결국 일반과세자인 상가 소유자가 취득 시 부가가치세를 환급받았거나 또는 포괄양수도계약에 의해 부가가치세를 내지 않은 경우에는 본인의 납세의무가 매수인에게 이전되면 이의 추징문제가 발생하지 않는다. 하지만 거래 후에 부가가치세가 발생하지 않은 경우에는 세금추징문제가 발생한다. 그중 대표적인 것이 바로 폐업 시 잔존재화나 면세전용이다. 국가 입장에서는 지속적으로 부가가치세 징수를 기대하고 있는데, 이러한 행위로 인해 부가가치세 징수가 끊어지므로 당초 환급액 중 10년 중 미경과한 부분에 대한 부가가치세를 추징하게 된다.

제 **6** 장

상가·빌딩 상속·증여 시의
절세 가이드

01 상가의 상속·증여에 따른 세무상 쟁점들

지금까지 살펴본 내용들은 주로 상가를 포함한 수익형 부동산의 취득부터 양도까지의 다양한 세무상 쟁점들을 정리했다. 물론 이러한 쟁점들은 시장을 통해 거래될 때 자주 등장한 것들로 주로 투자와 중개관점에서 반드시 알아둬야 할 주제들에 해당한다. 그런데 이와는 달리 상가 등을 가족 간에 상속 또는 증여하는 경우가 있는데, 이하에서 이에 대한 세무상 쟁점들을 간략히 정리해보자.

1. 기본 사례

K씨는 다음과 같은 빌딩을 보유하고 있다.

> **〈자료〉**
> · 임대보증금 : 5억 원, 월세 : 2천만 원
> · 기준시가 : 20억 원
> · 대출금 : 10억 원

Q¹. 이 빌딩의 상증법상 평가액은 얼마인가?

빌딩은 시가(매매가액, 감정가액, 수용가액 등 포함)가 없다면 보충적 평가방법(기준시가)으로 평가를 하게 된다. 다만, 담보채권액이 있거나 저당권 등이 설정된 재산은 담보채권액과 보충적 평가방법과 비교해 이들 중 가장 큰 금액으로 평가해야 한다(특례). 따라서 사례의 경우에는 다음과 같이 평가해야 할 것으로 보인다.

· Max = [임대보증금 환산가액*, 담보채권액, 기준시가]

= [25억 원, 15억 원(=5억 원+10억 원), 20억 원]

= 25억 원

* 임대보증금 5억 원+(2천만 원×12개월)/12%=25억 원

Q². 만일 K씨가 기준시가나 임대보증금 환산가액으로 증여세를 신고하면 과세관청은 이를 그대로 인정할까?

그렇지 않다. 과세관청은 감정평가를 실시하고 이 금액을 재산평가심의위원회에 심의를 요청해 해당 금액으로 증여재산가액을 수정시킬 수 있는 권한이 있다.[19]

Q³. 이 빌딩을 증여하면 부가가치세가 부과되는가?

원래 빌딩을 증여하면 양도가 아니기 때문에 부가가치세 과세 여지가 없다. 하지만 세법은 과세재화를 증여하면 재화의 공급으로

---

19) 임대보증금 환산가액도 보충적 평가방법에 해당하므로 과세관청의 집중적인 규제를 받을 수 있음에 유의해야 한다.

본다는 입장을 취하고 있다. 다만, 이러한 증여로 사업 자체가 포괄적으로 이전되면 재화의 공급에서 제외해 부가가치세를 과세하지 않는다.

Q⁴. 증여 후 10년 내에 증여자가 사망하면 사전증여재산가액은 상속재산가액에 합산되는가?

사전에 증여한 재산가액은 상속재산가액에 합산될 수 있는데, 이때 다음의 증여재산가액을 합산한다.

· 상속인 : 10년
· 상속인 외 : 5년

이때 합산되는 증여재산가액은 '증여일 당시'의 시가를 기준으로 한다.

Q⁵. 부담부 증여를 한 후 증여자가 10년 내에 사망하면 사전증여재산가액은 상속재산가액에 합산되는가?

부담부 증여는 채무를 포함해 증여하는 방식으로, 양도분에 해당하는 채무에 대해서는 합산과세가 적용되지 않으나 증여분에 대해서는 합산과세가 적용된다.

2. 상가 상속·증여와 세무상 쟁점

상가 등 수익형 부동산을 상속이나 증여하면서 발생할 수 있는 세무상 쟁점들을 정리하면 다음과 같다.

첫째, 상속·증여 재산평가법에 유의해야 한다.

상가를 상속이나 증여할 때 재산평가는 원칙적으로 시가로 하되 시가가 없는 경우에는 기준시가와 임대보증금 환산가액, 담보된 채권가액 중 큰 금액으로 한다.

· 원칙 : 시가(매매사례가액, 감정가액, 수용가액 등 포함)
· 예외 : Max[기준시가, 임대보증금 환산가액, 담보된 채권가액]

둘째, 상가를 증여하면 부가가치세가 과세될 수 있다.

이는 재화의 공급에 해당하기 때문이다. 다만, 부동산 임대업에 대한 권리와 의무가 포괄적으로 이전되는 포괄양수도에 해당하면 부가가치세를 생략할 수 있다.

셋째, 상속세나 증여세 모두 10년 합산과세제도를 적용하고 있다.

사전증여 후 10년(상속인 외는 5년) 내에 상속이 발생하면 사전증여재산가액을 상속재산가액에 합산해 상속세로 정산한다. 한편 동일인으로부터 증여를 수회 받은 경우에는 역시 10년간 합산해 증여세를 정산한다. 이러한 합산과세제도는 10~50%의 상속세나 증여세 누진세율의 적용을 회피하는 것을 방지하기 위한 제도에 해당한다.

넷째, 2023년 증여에 대한 취득세 과세표준이 인상될 예정이다.

현행 상속이나 증여에 따른 취득세는 통상 시가표준액(기준시가)을 기준으로 과세되고 있다. 하지만 2023년부터 증여의 경우 취득세 과세표준이 국세인 증여세의 재산평가액에 맞춰 과세될 것으로 보인다(상속세의 경우에는 현재처럼 시가표준액에 맞춰 과세된다. 지방세법 제10조의2 참조).

다섯째, 상속·증여로 받은 상가를 양도 시에 양도소득세 과세방식에 유의해야 한다.

상속 부동산의 경우 취득가액은 상속 시에 신고한 가액이 되며, 장기보유특별공제는 상속개시일로부터, 양도소득세 세율은 피상속인(사망자)이 취득한 날로부터 기간을 따져 제도를 적용한다. 한편 증여의 경우에는 취득가액 이월과세[20]가 적용되며, 장기보유특별공제와 세율은 보통 수증일로부터 보유기간을 따지게 된다. 이에 대한 보다 자세한 내용은 이 장의 '심층분석' 편과 저자의 신간 《부동산 증여에 관한 모든 것》 등을 참고하기 바란다.

※ 저자 주

상가에 대한 상속이나 증여를 준비하기 위해서는 미리 탁상 감정을 받아보기 바란다. 그래야 상속세 등이 예측되고 그에 따른 대책을 세울 수 있기 때문이다. 대책에는 증여(지분 증여, 부담부 증여), 양도, 현행 유지 등이 있다.

---

20) 배우자나 직계존비속으로부터 증여받은 부동산 등을 5년 내에 양도하는 경우, 그 취득가액을 증여자가 취득한 가액으로 이월시켜 과세하는 제도를 말한다.

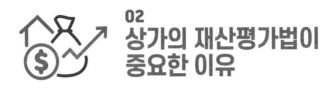

02 상가의 재산평가법이 중요한 이유

상가의 상속이나 증여 시 가장 중요한 요소 중 하나는 바로 이를 어떤 식으로 평가할 것인지의 여부다. 기준시가로 평가할 수만 있다만 이들의 세금이 크게 줄어들기 때문이다. 그런데 최근 정부는 상가 등 부동산에 대한 상속세나 증여세를 보충적 평가방법(기준시가 등)에 의해 신고한 경우 감정평가를 받아 이의 금액으로 상속세 등을 과세할 수 있는 제도를 도입했다. 따라서 앞으로 상가를 상속이나 증여할 때는 반드시 이 문제를 짚고 넘어가야 할 것으로 보인다.

1. 기본 사례

다음 자료를 통해 상속 또는 증여재산가액을 평가해보자.

〈자료〉
· 빌딩 : 임대료 연간 1.2억 원, 임대보증금 5억 원, 기준시가 10억 원

Q¹. 사례의 증여재산가액은 어떻게 파악하는가?

빌딩은 대부분 시가를 확인하기 힘들다. 그래서 그 대안으로 다음과 같이 가액을 파악한다.

· Max[임대보증금+연간임대료/12%, 기준시가]
　=[5억 원+10억 원, 10억 원]=15억 원

Q². 만일 빌딩에 대한 시가를 15억 원으로 신고하면 감정평가로 경정할 수 있는가?

현재 과세관청의 태도는 부동산을 기준시가로 신고하는 경우만 문제를 삼고 있다. 따라서 앞과 같이 임대보증금 환산가액을 기준으로 증여세 신고를 하면 뒤늦게 감정가액으로 세금이 추징되지 않을 것으로 보인다(단, 이론적으로는 추징 가능성이 있다).

Q³. 앞 빌딩의 재산가액은 15억 원으로 평가되었다고 하자. 이때 건물이나 토지만 증여할 수 있는가?

그렇다. 예를 들어 건물만 증여하는 경우에는 건물증여가액은 다음과 같이 계산해야 할 것으로 보인다.

· 건물증여가액 = 15억 원 × $\dfrac{건물기준시가}{토지와 건물의 기준시가}$

2. 상가에 대한 상속·증여재산평가법 요약

1) 원칙적인 평가방법

원래 증여받은 재산의 평가는 증여일 현재 상증법 제60조 내지 제66조 규정에 의해 증여일 현재의 시가*에 의하며, 시가에 해당하는 가액이 없는 경우에 부동산의 보충적 평가방법으로 평가한다.

* 제3자 간에 시장에서 거래되는 가격을 말한다. 이에는 평가기간 내의 매매사례가액, 감정가액, 수용가격 등이 포함된다.

2) 임대차계약이 있는 경우의 평가방법

평가기준일 현재 상증법 제60조 제2항에 따른 시가가 없는 경우로써, 사실상 임대차계약이 체결되거나, 임차권이 등기된 부동산은 보충적 평가방법에 따른 평가금액(기준시가)과 임대료 환산가액을 비교해 큰 가액으로 평가한다(공실분은 기준시가로 평가한다).

· 평가액 = Max[① 보충적 평가가액, ② 임대보증금 환산가액*]

    * 임대보증금 환산가액 = (임대보증금) + (1년간 임대료 합계액 / 12%)

3) 저당권 등이 설정된 경우의 평가방법

상증법 제66조의 규정에 의해 저당권 등이 설정된 재산은 평가기준일 현재, 당해 재산이 담보하는 채권액과 같은 법 제60조의 규정에 의한 평가가액(시가가 원칙, 시가가 없는 경우 기준시가) 중 큰 금액으로 평가하는 것이며. 이 경우 채권액은 평가기준일 현재의 채권액을 말한다(참고예규 : 재산세과-461, 2009. 10. 14).

4) 평가심의위원회의 심의

납세자가 주로 기준시가로 상속세나 증여세를 신고한 경우 과세관청은 상속세나 증여세 결정기한(9개월, 6개월) 내에 감정평가를 의뢰해 해당금액을 재산평가심의위원회에 심의를 요청해 이 금액으로 상속세나 증여세를 과세할 수 있다.

3. 실전 사례

빌딩에 대한 가격 정보가 다음과 같을 때 물음에 대한 답을 찾아보자.

〈자료〉
· 기준시가 : 5억 원
· 대출을 위한 감정가액 : 10억 원

Q[1]. 앞의 빌딩에 대한 평가액은 얼마인가?

주어진 정보에 따르면 기준시가인 5억 원으로 평가될 것으로 보인다.

Q[2]. 대출을 위한 감정가액으로는 평가될 수 없는가?

대출을 위한 감정평가액도 시가로 인정될 수 있다. 다만, 세법에서 정하고 있는 요건(평가기간 내에 작성, 기준시가 10억 원 이상 시 2개 이상 감정 등)을 충족한 것에 해당되어야 한다. 사례의 경우에는 기준시가가 10억 원에 미달하므로 1개의 감정가액도 상증법상 시가로 인정될 수 있다.

Q3. 만일 기준시가로 증여세 등을 신고한 경우 과세관청은 이를 인정할까?

그렇지 않을 수 있다. 증여세 결정기한 내에 감정평가를 신청해 이의 금액을 재산평가심의위원회를 거쳐 이 금액으로 재산가액을 결정할 수 있기 때문이다. 참고로 이 금액으로 재산가액이 결정되더라도 신고불성실가산세와 납부지연가산세는 부과되지 않는다.

※ 저자 주

다시 강조하지만 향후 상가나 빌딩 등을 상속이나 증여할 계획이 있는 경우에는 우선 탁상 감정을 받아본 후 상속세 등을 예측하는 것이 중요할 것으로 보인다.

감정평가 실시 안내문

■ **감정평가를 실시하는 목적은?**
- 감정평가 실시로 시가에 부합하도록 상속·증여 재산을 적정하게 평가함으로써 과세형평성을 제고하는 등 공평과세를 구현하는 데 그 목적이 있습니다.

■ **감정평가를 실시하는 대상은?**
- 감정평가는 상증법상 시가가 아닌 보충적 평가방법에 따라 신고(무신고한 경우 포함)함에 따라 시가와의 차이가 큰 상속·증여 부동산을 대상으로 합니다.

■ **감정평가 업무처리 절차는?**
- 감정평가는 공신력 있는 둘 이상의 감정기관에 의뢰해 세무조사 시작과 함께 실시하게 됩니다. 이 경우 담당 조사공무원과 감정평가사가 대상 물건의 확인을 위해 현장을 조사할 수 있습니다.
  - 감정평가가 완료된 이후에는 평가심의위원회에서 시가 인정 여부를 심의하게 되며, 감정가액이 시가로 인정되면 감정가액으로 상속·증여 재산을 평가하게 됩니다.
  - 세무조사가 종료되면 상속·증여세 과세표준, 예상 고지세액 등 세무조사 결과를 문서로 작성해 보내드립니다.

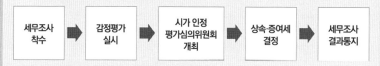

세무조사 착수 ▶ 감정평가 실시 ▶ 시가 인정 평가심의위원회 개최 ▶ 상속·증여세 결정 ▶ 세무조사 결과통지

■ **감정평가에 소요되는 기간 및 비용부담은?**
- 감정평가는 통상 일주일 정도의 기간이 소요되며, 감정평가에 따른 수수료 등 일체 비용은 국세청이 부담하게 됩니다.

■ **감정가액으로 평가함에 따라 세금을 추가 납부하는 경우 가산세는?**
- 과세관청이 감정평가를 의뢰하고, 평가심의위원회의 심의를 거쳐 동 감정가액으로 상속·증여재산을 평가함에 따라 추가 납부할 세액이 발생하는 경우
  - 신고불성실 및 납부불성실 가산세*는 면제됩니다.
  * '19. 12. 31. 국세기본법 개정으로 납부지연 가산세로 통합됨.

03
상가의 증여와 부가가치세

부가가치세가 과세되는 상가나 빌딩을 처분하면 부가가치세가 발생하는 것이 원칙이다. 그렇다면 사업용 건물을 증여하면 증여세가 발생할까? 이에 대해 과세관청은 과세재화를 사업상 증여하면 부가가치세 없는 소비가 될 수 있으므로 이에 대해서는 부가가치세를 부과하는 식으로 대응하고 있다. 법리적으로 논란이 있는 것으로 실무에서는 전문세무사를 통해 확인하기 바란다.

1. 기본 사례

K씨는 보유하고 있는 빌딩을 증여하고자 한다. 물음에 답하면?

Q1. 이 빌딩을 증여하면 부가가치세가 과세되는가?

부가가치세가 과세되는 상가 건물을 증여하는 것은 재화의 공급에 해당되어 부가가치세법상 부가가치세가 과세되는 것이 원칙이다.

Q². 만일 이 증여가 포괄양수도에 해당하면 세금계산서를 발행하지 않아도 되는가?

그렇다. 그 사업에 관한 모든 권리와 의무를 포괄적으로 승계시켜 사업의 양도에 해당하는 경우에는 세금계산서 및 계산서 발급의무가 없기 때문이다. 다만, 권리와 의무를 포괄적으로 승계시켰는지의 여부는 사실판단할 사항에 해당한다. 다음의 예규를 참조하자.

※ 부가, 서면인터넷방문상담3팀-3163, 2006. 12. 15

[제목]
부동산 임대 건물 등을 증여 시 사업의 양도 여부

[요지]
부동산 임대업을 영위하는 사업자가 임대사업에 사용하던 부동산을 증여하는 경우에는 부가가치세가 과세되는 것임.

[회신]
부동산 임대업을 영위하는 사업자가 임대사업에 사용하던 부동산을 증여하는 경우에는 부가가치세법 제6조 제1항의 규정에 의하여 부가가치세가 과세되는 것이나, 다만, 사업장별로 그 사업에 관한 모든 권리와 의무를 포괄적으로 승계시키는 경우로써 부가가치세법 시행령 제17조 제2항의 규정에 의한 사업의 양도에 해당하는 경우에는 재화의 공급으로 보지 아니하는 것이므로 부가가치세가 과세되지 아니하는 것임.

Q¹. **앞의 사례에서 건물만을 증여하려고 한다. 이 경우에도 포괄양수
도에 해당하는가?**

영위하고 있는 임대업 전체가 양수도가 되어야 포괄양수도계약
이 성립한다. 따라서 이 경우에는 원칙적으로 세금계산서를 발행
해야 한다.

Q². **앞의 사례에서 토지와 건물의 일부만 증여하려고 한다. 이 경우
에도 포괄양수도에 해당하는가?**

임대업의 일부만 지분으로 증여하는 경우에도 포괄양수도에 해
당하지 않는다. 따라서 이 경우 증여가액에 대해 세금계산서를 발
행해야 할 것으로 보인다.

2. 상가 증여에 대한 부가가치세 과세논리

상가를 증여하면 부동산 임대업이 포괄적으로 승계되느냐의 여
부에 따라 부가가치세 과세 여부가 달라진다.

1) 포괄양수도계약에 해당하는 경우

부가가치세법 제10조에서는 사업을 양도하는 것으로서 대통령
령으로 정하는 것[21] 등에 대해서는 재화의 공급으로 보지 않는다.
따라서 이 경우에는 재화의 공급이 아니므로 부가가치세가 과세되
지 않는다.

---

21) 다만, 제52조 제4항에 따라 그 사업을 양수받는 자가 대가를 지급하는 때에 그
대가를 받은 자로부터 부가가치세를 징수해 납부한 경우는 제외한다.

2) 포괄양수도계약에 해당하지 않는 경우

포괄양수도계약에 해당하지 않는 경우에는 재화의 공급에 해당하므로 부가가치세가 과세된다. 상가임대업의 경우 아래와 같은 유형이 이에 해당한다.

· 상가의 일부지분만 양도 또는 증여된 경우
· 상가 중 토지나 건물만 양도 또는 증여된 경우
· 상가 일부를 부담부 증여로 증여하는 경우(일부만 증여에 해당하기 때문)

따라서 이러한 유형에 해당하면 부가가치세가 발생함에 유의해야 한다.

3. 실전 사례

K씨는 다음과 같은 빌딩을 보유하고 있다.

〈자료〉
· 개별공시지가 : 5억 원, 건물 기준시가 : 5억 원

Q¹. 이 빌딩 전체를 자녀에게 증여하면 증여세가 과세되는가?

포괄양수도계약에 해당하므로 이 경우에는 부가가치세가 과세되지 않을 것으로 보인다.

Q². 포괄양수도계약임을 증여계약서에 기재해야 하는가?

그렇지 않다. 이러한 문구가 없더라도 해당 내용인 포괄양수도계약에 해당하면 세법상 인정이 된다.

Q³. 만일 건물만 증여하면 포괄양수도계약에 해당하는가?

그렇지 않다. 포괄양수도계약은 사업 자체가 모두 그대로 승계가 되어야 한다.

Q⁴. 만일 건물을 부담부 증여로 증여하면 포괄양수도계약이 성립하는가?

부담부 증여는 양도와 증여로 구분되나 사업의 권리와 의무가 포괄적으로 승계되면 포괄양수도계약이 성립할 것으로 판단된다.

Tip 부담부 증여에 대한 과세원리

부담부 증여는 증여하고자 하는 부동산에 담보된 부채(대출, 전세금)가 있는 상태에서 부채와 함께 증여하는 방식을 말한다. 따라서 부채를 제외한 나머지가 증여에 해당하며, 부채는 유상양도에 해당한다. 이에 따라 증여자는 양도소득세를 수증자는 증여세와 취득세를 부담하게 된다. 일반적으로 부담부 증여는 양도소득세 세율이 저렴한 경우에 실익이 있다. 자세한 것은 저자의 신간《부동산 증여에 관한 모든 것》을 참조하기 바란다.

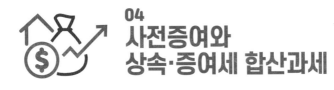

04 사전증여와 상속·증여세 합산과세

상속과 증여는 다 같이 무상으로 재산을 이전시킬 수 있는 수단에 해당한다. 다만, 상속은 사후에 증여는 생전에 재산이 이전된다는 점에서 차이가 날 뿐이다. 그런데 과중한 상속세 부담을 줄이기 위해 증여를 선택하곤 하는데, 사전증여에도 불구하고 상속세가 생각보다 줄어들지 않는 경우도 많다. 이하에서 이에 대해 알아보자.

1. 상속 10년 누적합산과세제도의 개관

현행의 상속세 세율은 10~50%다. 그래서 살아생전에 미리 재산의 규모를 점점 축소시켜나가는 경우가 많다. 그런데 세법에서는 사전증여로 세부담을 회피하는 것을 방지하기 위한 장치들을 두고 있는데, 그중 대표적인 것이 바로 10년 누적합산과세제도다. 이는 상속이 발생하면 10년(5년) 내 증여한 재산가액을 상속재산가액에 합산해 상속세로 정산하도록 하는 제도를 말한다.

1) 사전증여가액의 합산기간

상속인의 경우 10년, 상속인 외의 자는 5년간이다. 일반적으로 상속인은 자녀와 배우자, 상속인 외의 자는 손·자녀나 친족, 법인 등이 해당한다.

※ 상증세 집행기준 13-0-2 [사전증여재산가액]

상속세 과세가액에 합산하는 사전증여재산가액은 피상속인이 상속개시일 전 상속인 또는 상속인 아닌 자에게 증여한 재산가액으로 다음과 같다.

피상속인	증여를 받은 자	사전증여재산 가액
거주자	상속인	상속개시일 전 10년 이내 증여한 국내·외 재산가액
	상속인 아닌 자	상속개시일 전 5년 이내 증여한 국내·외 재산가액
비거주자	상속인	상속개시일 전 10년 이내 증여한 국내 소재 재산가액
	상속인 아닌 자	상속개시일 전 5년 이내 증여한 국내 소재 재산가액

---

2) 합산하는 사전증여가액

증여일 당시의 증여재산가액을 합산한다. 따라서 증여일 이후의 가격변동분은 상속재산가액에 합산되지 않는다.

3) 증여세 이중과세 조정

사전증여를 통해 발생한 증여세 산출세액은 상속세 산출세액에서 차감되는 것이 원칙이다. 이중과세를 방지하기 위해서다.

4) 사전증여에 대한 신고가 누락된 경우의 과세방법

사전증여를 받았음에도 이에 대한 증여세 신고가 누락된 경우 이에 대해서는 증여세와 가산세가 별도로 부과된다. 이후 상속세를 정산할 때 상속세 산출세액에서 증여세 산출세액을 차감하는 방식으로 이중과세를 조정한다.

> ※ 상증세 집행기준 13-0-8 [상속세 과세가액에 합산하는 증여재산에 대한 과세방법]
> 상속세 과세가액에 합산하는 증여재산에 대하여 증여세가 부과되지 아니한 경우에는 해당 증여재산에 대하여 증여세를 먼저 과세하고, 그 증여재산가액을 상속세 과세가액에 합산하여 상속세를 부과하며 증여세 상당액을 기납부세액으로 공제한다.

2. 적용 사례

사례를 통해 앞의 내용들을 정리해보자.

> 〈자료〉
> · 부동산 증여 : 2015년 당시 시가 5억 원(2022년 시가 10억 원)
> · 위 부동산은 자녀가 사전에 증여받았음.
> · 2022년 상속 발생
> · 상속 당시 총재산가액 : 20억 원(사전증여한 재산가액 제외)

Q¹. 총상속재산가액은 얼마인가?

총상속재산가액은 상속개시일 현재의 상속재산가액과 사전에 증여한 재산가액 등을 합한 금액으로 한다. 따라서 사례의 경우 20억 원과 5억 원을 합한 25억 원이 된다.

Q². 사전에 증여 시 재산가액을 상속 당시의 시가로 하지 않는 이유는?

사전증여시점에 과세표준이 확정되었기 때문이다. 따라서 사례처럼 사전에 증여한 재산가액이 그 이후에 증가되었지만 증여 당시의 가액 5억 원을 상속재산가액에 합산하게 된다.

Q³. 사전에 증여한 재산은 유류분²²⁾ 대상인가?

원칙적으로 사전에 증여한 재산은 유류분 적용대상에 해당한다. 다음의 팁을 참조하기 바란다.

※ 증여세 합산과세

사전에 증여한 재산은 상속재산가액에 합산되는 것이 원칙이다. 그런데 사전증여 후 한참 뒤에 상속이 발생하면 상속세 합산과세가 적용되지 않는다. 이러한 문제를 예방하기 위해 증여가 수회 일어나면 10년간 합산해서 증여세를 과세하고 있다.

---

22) 유류분은 유족들이 최소한 받을 수 있는 상속재산가액을 말한다.

Tip 상속순위

민법 제1000조와 제1001조, 제1003조 등에서는 다음과 같이 상속순위를 정하고 있다.

제1000조(상속의 순위)

① 상속에 있어서는 다음 순위로 상속인이 된다.

1. 피상속인의 직계비속
2. 피상속인의 직계존속
3. 피상속인의 형제자매
4. 피상속인의 4촌 이내의 방계혈족

② 전항의 경우에 동순위의 상속인이 수인인 때에는 최근친을 선순위로 하고 동친 등의 상속인이 수인인 때에는 공동상속인이 된다.

③ 태아는 상속순위에 관하여는 이미 출생한 것으로 본다.

제1001조(대습상속)

전조 제1항 제1호와 제3호의 규정에 의하여 상속인이 될 직계비속 또는 형제자매가 상속개시 전에 사망하거나 결격자가 된 경우에 그 직계비속이 있는 때에는 그 직계비속이 사망하거나 결격된 자의 순위에 갈음하여 상속인이 된다.

제1003조(배우자의 상속순위)

① 피상속인의 배우자는 제1000조 제1항 제1호와 제2호의 규정에 의한 상속인이 있는 경우에는 그 상속인과 동순위로 공동상속인이 되고 그 상속인이 없는 때에는 단독상속인이 된다.

예를 들어 부친이 사망하면 직계비속과 배우자가 상속인이 된다. 다만, 이때 직계비속에 자녀와 손·자녀가 있는 경우 최근친인 자녀가 상속인이 된다.

상속이나 증여받은 재산을 양도할 때는 양도소득세가 부과된다. 그런데 상속이나 증여 등을 통해 취득한 자산의 양도소득세 과세방식이 일반취득의 그것과 다르다. 어떤 점이 다른지 이를 정리해보고자 한다.

첫째, 과세가 되는 경우는 이렇다.
양도소득세는 양도 및 취득가액을 실거래가액으로 과세한다. 즉 유상으로 사고판 가격을 기준으로 과세한다는 것이다. 그런데 상속이나 증여의 경우 양도가액은 문제가 없으나 취득가액이 문제다. 이들 재산들은 대개 기준시가로 평가되기가 일쑤이기 때문이다. 이렇게 되면 양도가액은 실거래가, 취득가액은 기준시가로 되어 있어 많은 양도차익이 나올 수 있다(미리 시가로 신고해두면 이러한 문제가 예방된다).

이외 장기보유특별공제는 일반취득처럼 취득일부터 양도일까지의 기간에 따라 이를 적용한다. 여기서 취득일이란 유상매매의 경우에는 일반적으로 잔금청산일을 말하며 상속은 상속개시일, 증여는 증여일을 말한다.

한편 세율을 적용할 때는 상속의 경우에는 피상속인의 취득일로부터 기산하고 증여는 증여일로부터 기산한다. 따라서 상속의 경우가 세율을 적용할 때 훨씬 유리하다. 예를 들어 2010년에 피상속인이 취득한 부동산을 2021년에 상속받아 2022년에 양도하는 경우, 세율을 적용할 때 적용되는 보유기간은 2010년부터 시작한다. 따라서 당해 부동산이 일반세율을 적용받는다면 6~45%를 받을 수 있게 된다.

둘째, 취득가액 이월과세 문제를 살펴보자.
취득가액 이월과세제도는 증여받은 재산을 5년이 안 되어 처분하는 경우, 취득가액을 당초 증여자가 취득한 가액으로 양도소득세를 계산하도록 하는 제도를 말한다. 이런 제도를 두는 이유는 증여를 통해 취득가액을 올린 후 양도소득세를 줄이려는 행위를 방지하기 위해서다. 그런데 이러한 제도는 상속에서는 없다. 상속은 인위적인 것이 아니라 부득이하게 발생하므로 조세회피와는 관계가 없기 때문이다.

셋째, 비과세를 받는 경우를 보자.
상속과 증여로 받은 재산 중 양도소득세 비과세가 되는 경우는 주로 주택에서 찾아볼 수 있다. 하지만 상속의 경우에는 폭넓게 비과세가 적용되는 반면, 증여는 특수한 상황에서만 이를 적용받을 수 있다. 이를 정리하면 다음과 같다.

구분	비과세를 받을 수 있는 경우
상속	· 무주택자가 1주택을 상속받은 경우 · 1세대 1주택자가 1주택을 상속받은 경우
증여	1주택 보유 중 동일 세대원에게 증여한 경우

상속의 경우 무주택자가 상속을 받은 경우로써 피상속인과 상속인이 동일 세대원이라면 피상속인의 보유기간 등을 통산한다. 예를 들어 父(부)의 소유로 되어 있는 주택을 母(모)가 상속받은 경우에는 부가 취득한 날로부터 보유기간 등을 따져 비과세한다는 것이다. 만일 동일 세대원이 아닌 경우에는 상속을 받은 날로부터 2년 이상 보유 등을 해야 한다. 이외에 1세대 1주택자가 별도 세대원 상태에서 1주택을 상속을 받은 경우에는 상속주택이 아닌 주택을 먼저 양도하면 비과세를 적용한다.
그러나 증여의 경우에는 1주택을 보유 중에 동일 세대원에게 증여한 경우에는 증여 전과 증여 후의 기간을 통산해 비과세 요건을 따지게 된다.[23]

---

23) 부동산을 증여받을 때는 양도소득세 등의 세금관계가 달라진다. 미리 세무상담을 받고 증여 여부를 결정해야 한다.

※ 일반취득 자산과 상속·증여로 취득한 자산의 양도소득세 과세방식의 비교

구분		일반취득 재산	상속·증여 재산
과세	양도가액	실거래가액	좌동
	취득가액	실거래가액 (환산가액가능)	신고 당시의 평가액(시가 → 기준시가, 1985. 1. 1. 이전분은 환산가액 가능)*
	기타필요경비	실제 경비	실제 경비
	장기보유특별공제	취득일~양도일	·상속·증여일~양도일
	세율 적용	취득일~양도일	·상속 : 피상속인의 취득일~양도일 ·증여 : 증여일~양도일
	취득가액 이월과세	–	·증여 : 5년 내 양도 시 적용
비과세		취득일부터 2년 보유 등	·상속 : 다양하게 적용 ·증여 : 일부 적용
감면		8년 자경농지 등	·상속 : 피상속인의 자경기간 합산 ·증여 : 증여자의 자경기간 합산하지 않음.

* 상속 부동산에 대한 양도소득세 계산 시 취득가액을 올리는 방법
① 상속개시일로부터 6개월 내에 상속 부동산을 양도하는 방법
이처럼 6개월 내에 양도하면 해당 금액이 상속재산가액이 되는 동시에 양도 시 취득가액이 된다. 다만, 이렇게 양도하면 상속재산가액이 증가될 수 있으므로 양도소득세와의 관계를 잘 고려할 필요가 있다.
② 상속개시일로부터 6개월 후에 상속 부동산을 양도하는 방법
이때는 감정평가를 받아 이를 통해 상속세를 신고할 수 있다. 이때 상속세를 신고하지 않는 경우라도 평가기간 내에 평가한 감정평가액은 유효하다. 참고로 해당 부동산의 기준시가가 10억 원 이하는 1개, 초과는 2개 이상의 감정평가액이 필요하다.

Tip 상가 상속·증여세 절세법 요약

상가나 빌딩 등을 상속이나 증여를 할 때 중요한 절세법을 알아보자.
· 상속세나 증여세 신고는 원칙적으로 감정평가액으로 해야 함에 유의해야 한다.
· 상속세 절세를 위해서는 증여나 매매 등의 방법을 선택할 수 있다.
· 전세보증금이 많은 경우 부담부 증여도 하나의 대안이 된다.

부록

오피스텔·상가주택·
고시원 세금의
모든 것

01 오피스텔과 세무상 쟁점들

오피스텔은 원래 업무용으로 건축된 건물을 말한다. 그런데 요즘에는 오피스텔이 주거기능을 갖춘 것들이 많아 주택으로도 사용되고 있는 실정이다. 이하에서 오피스텔에 대한 세금문제를 거래단계별로 살펴보자.

1. 취득 시의 세무

오피스텔을 취득할 때는 부가가치세와 취득세문제에 관심을 둬야 한다.

1) 부가가치세

오피스텔을 신규 분양을 받는 경우에는 태생이 업무용이므로 부가가치세가 무조건 발생한다. 하지만 기존오피스텔을 취득할 때에는 오피스텔이 업무용인가, 주거용인가에 따라 부가가치세 발생 여부가 달라진다.

① 업무용 오피스텔을 신규 분양을 받거나 취득한 경우

오피스텔을 분양받거나 기존 업무용 오피스텔을 취득한 경우 총공급대가 중 건물분에 해당하는 분양가액이나 취득가액에 대해 부가가치세가 발생한다. 그런데 이때 수분양자나 오피스텔 매수자는 부가가치세법상 정해진 기한 내에 일반과세자로 사업자등록을 하면 부담한 부가가치세를 환급받을 수 있다. 참고로 기존 오피스텔 매매 시 포괄양수도계약을 맺으면 부가가치세 발생 없이 거래할 수 있다.

② 주거용 오피스텔을 신규 분양을 받거나 취득한 경우

오피스텔을 주거용으로 분양받거나 기존 주거용 오피스텔을 취득한 경우에는 다음과 같이 부가가치세를 처리한다.

• 주거용 오피스텔을 분양받은 경우

시행사가 분양하는 오피스텔에 대해서는 총공급가액 중 건물분의 공급가액에 대해 10%의 부가가치세를 부과한다. 따라서 이를 업무용으로 사용하는 경우에는 부동산 임대사업자등록을 통해 환급을 받을 수 있으나, 주거용으로 사용함에도 환급을 받으면 추후 추징문제가 발생한다. 주의하기 바란다.

• 기존 주거용 오피스텔을 취득한 경우

기존 주거용 오피스텔은 부가가치세가 면제된 부동산이므로 이를 구입하더라도 부가가치세가 발생하지 않는다. 따라서 이때는 세금계산서가 발급되지 않기 때문에 이를 업무용으로 임대하기 위해 사업자등록을 하더라도 부가가치세를 환급받을 수 없다.

2) 취득세

오피스텔은 건축법상 주택이 아니므로 현행 지방세법은 이에 대한 취득세율을 4%(농어촌특별세 등 포함 시 4.6%)로 부과하고 있다. 다만, 신규 분양하는 주거용 오피스텔은 관할 시·군·구청에 임대주택으로 등록하면 이를 면제하고 있다.

① 업무용 오피스텔을 취득한 경우

업무용 오피스텔에 대해서는 부가가치세를 제외한 공급가액에 대해 4.6%로 취득세 등이 부과된다. 예를 들어 분양가가 토지 1억 원, 건물 1억 원, 부가가치세가 1천만 원으로 책정된 경우라면 취득세는 2억 원의 4.6%인 920만 원이 된다.

② 주거용 오피스텔을 취득한 경우

• 주택임대등록을 하지 않는 경우

이 경우에는 취득세가 과세된다. 이때 취득세는 앞의 업무용 오피스텔과 같은 식으로 적용된다. 지방세법에서는 오피스텔은 주택법에 따른 주택이 아닌 것으로 분류하고 있기 때문이다(준주택).

• 주택임대등록을 하는 경우

주거용 오피스텔은 다음과 같은 조건을 충족하면 앞의 취득세를 전액 면제받을 수 있다(지방세특례제한법 제31조). 단, 취득세 감면 세액이 200만 원 넘어가면 15%는 최소한 납부해야 한다.

· 신규 분양된 오피스텔을 최초로 취득할 것
· 전용면적 $60m^2$ 이하인 오피스텔을 취득할 것
· 관할 시·군·구청에 임대용부동산 취득일부터 60일 이내에 임대사업자로 등록할 것

☞ 주택임대등록한 주거용 오피스텔은 지방세특례제한법에서 특별히 열거하고 있어 취득세 감면이 이루어지고 있다.

2. 보유·임대 시의 세무

오피스텔을 보유하는 경우에는 보유세와 임대에 따른 부가가치세와 종합소득세 과세문제가 발생한다.

1) 재산세와 종합부동산세

① 재산세

지방세법 제188조에서는 건축물과 주택에 대한 재산세의 과세대상과 세율을 다음과 같이 정하고 있다.

구분		재산세율
건축물	골프장·고급오락장용 건축물	4%
	일정한 공장용 건축물	0.5%
	위 외의 건축물	0.25%
주택	별장	4%
	별장 외 주택	0.1~0.4%(4단계 누진세율)

오피스텔은 앞의 구분에 따라 실질이 주거용이면 주택으로, 업무용이면 건축물로 재산세가 부과된다. 다만, 용도가 불분명한 경우에는 공부상의 용도를 기준으로 과세가 된다. 예를 들어 재산세 과세표준이 1억 원인 경우 재산세 크기는 다음과 같다.

구분	주거용 오피스텔(주택)	업무용 오피스텔
건물 과세표준	1억 원	1억 원
재산세율	0.15%(누진공제 3만 원)	0.25%
산출세액	12만 원	25만 원

② 종합부동산세

오피스텔에 대한 종합부동산세도 실질용도를 기준으로 과세한다. 하지만 용도가 불분명한 경우에는 공부상의 용도를 기준으로 하므로 이 경우에는 일반건물에 해당하게 된다. 따라서 일반건물의 경우에는 건물 부속 토지의 공시지가가 80억 원을 초과해야 하므로, 대부분 종합부동산세가 과세되고 있지 않는 실정에 있다.

2) 부가가치세

오피스텔을 임대하는 경우에는 이를 주택으로 볼 것인가, 업무용 시설로 볼 것인가에 따라 부가가치세 과세 여부가 달라진다.

구분	내용
주택으로 보는 경우	임대료에 대한 부가가치세가 부과되지 않는다.
주택으로 보지 않는 경우	임대료에 대한 부가가치세가 부과된다.

그런데 분양 당시에 오피스텔에 대한 부가가치세를 환급받은 후 이를 주거용으로 임대하는 경우에는 부가가치세 추징문제가 발생한다. 이 경우 해당 오피스텔은 주택에 해당하고, 그렇게 되면 더 이상 임대료에 대한 부가가치세를 거둘 수 없으므로 당연히 당초에 환급받은 부가가치세 중 10년 중 잔여기간에 해당하는 부가가치세를 반환해야 한다. 이러한 업무는 본인이 스스로 해야 하나 이를 행하지 않는 경우에는 세무조사를 통해 밝혀질 수 있다. 따라서 주거용 오피스텔로 사용하는 경우에는 환급받은 부가가치세 중 잔여기간에 해당하는 금액을 반환하는 것이 최선책이 될 수 있다.

3) 종합소득세

① 업무용 오피스텔의 경우

업무용 오피스텔의 임대소득에 대해서는 그 금액의 크기와 관계없이 무조건 다른 소득에 합산해 종합과세가 된다.

② 주거용 오피스텔의 경우

주택으로 보게 된다. 따라서 다른 주택과 합산하여 연간 월세가 2천만 원이 안 될 경우에는 분리과세가 적용된다. 2천만 원 초과 시에는 종합과세된다.

3. 양도 시의 세무

오피스텔을 양도할 때는 부가가치세와 양도소득세에 관심을 둘 필요가 있다.

1) 부가가치세
① 업무용 오피스텔을 양도하는 경우

업무용 오피스텔을 양도할 때는 부가가치세가 발생하는 것이 원칙이다. 다만, 포괄양수도계약을 통해 이를 생략할 수 있다. 참고로 폐업 후에 오피스텔에 대한 매매계약을 체결하면 폐업 시의 잔존재화에 대한 부가가치세 과세문제를 검토해야 한다. 이에 대한 세금체계는 앞에서 본 상가와 같다.

② 주거용 오피스텔을 양도하는 경우

주거용 오피스텔은 면세재화에 해당하므로 이에 대해서는 부가가치세가 발생하지 않는다.

2) 양도소득세

① 업무용 오피스텔을 양도하는 경우

오피스텔을 업무용으로 사용하는 경우에는 앞에서 본 상가건물과 같은 양도소득세를 부담하게 된다. 그리고 오피스텔이 업무용으로 사용되면 주택과는 별개의 물건이 되므로 주택과세제도에 어떠한 영향도 주지 않는다.

② 주거용 오피스텔을 양도하는 경우

오피스텔을 주거용으로 사용하는 경우에는 상당한 문제점들이 도사리고 있다. 현실적으로 이 단계에서 가장 큰 문제점들이 발생하므로 이를 잘 살펴보자.

첫째, 주거용 오피스텔을 양도하면 이는 주택으로 신고해야 할까? 아니면 일반건축물로 신고를 해야 할까?

일단 세법은 주거용 오피스텔은 주택에 해당하므로 당연히 주거용이면 주택으로 신고를 하는 것이 원칙이다. 따라서 주거용 오피스텔을 주택으로 보고 과세문제를 따져볼 필요가 있다. 만일 주택으로 보거나 일반건축물로 보거나 구분의 실익이 없는 경우에는 공부상의 용도를 쫓아 양도소득세 신고를 하면 큰 문제는 없을 것으로 보인다(세무전문가의 확인을 요한다).

둘째, 주거용 오피스텔을 1채 가지고 있는 경우 양도소득세 비과세를 받을 수 있는가?

받을 수 있다. 다만 공부상의 용도는 주거용이 아니므로 본인이 비과세를 입증할 수 있는 서류를 구비해 비과세로 신고하는 것도 괜찮을 것으로 보인다. 단, 이때는 당초에 부가가치세를 환급받았다면 주택으로 사용한 만큼 부가가치세 추징문제가 발생할 수 있음에 유의해야 한다.

셋째, 주거용 오피스텔이 있는 상태에서 주택을 양도하는 경우에는 더더욱 주의해야 한다. 주택에 대한 과세방식에 영향을 주기 때문이다.

· 만일 1주거용 오피스텔과 1주택이 있는 경우 → 원래 1주택에 대해서는 비과세를 받을 수 있으나 오피스텔이 주택으로 취급되면 비과세를 받을 수 없다. 따라서 오피스텔을 업무용으로 전환을 한 후에 주택을 양도해야 할 것이다.[24] 만일 이러한 조치를 취하지 않은 상태에서 주택을 양도하면 과세가 될 수 있다.
· 만일 1주거용 오피스텔과 2주택이 있는 경우 → 만일 이사를 가는 과정에서 일시적으로 2주택이 되었다면 비과세를 받을 수 있으나 오피스텔이 주택으로 취급되면 비과세를 받을 수 없다. 따라서 오피스텔을 업무용으로 전환한 날로부터 2년 후에 주택을 양도하거나 임대사업자등록을 내는 방법을 검토해야 한다.

Tip 오피스텔의 분양과 세무

① **부가가치세** : 주택법에 따른 주택이 아니므로 전용면적을 불문하고 부가가치세가 과세됨(주의하기 바람).
② **종합소득세** : 오피스텔 분양에 대한 사업유형은 부동산 매매업에 해당함. 따라서 매매차익 예정신고를 해야 하며, 이를 누락한 경우 신고불성실가산세(20%) 등이 있음.

---

24) 단, 2021년 1월 1일부터 남은 주택은 오피스텔의 용도변경일로부터 2년 이상 보유한 후에 양도해야 비과세가 적용된다.

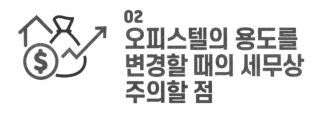

02
오피스텔의 용도를 변경할 때의 세무상 주의할 점

오피스텔의 용도를 '업무용에서 주거용'으로, 또는 그 반대로 '주거용에서 업무용'으로 전환한 경우에는 부가가치세와 양도소득세에서 다양한 세무상 쟁점들이 발생한다. 이하에서 이에 대해 정리해보자.

1. 부가가치세

1) 업무용에서 주거용으로 전환한 경우

오피스텔을 임대사업 목적으로 사업자등록을 신청하고 건물분 부가가치세를 환급받은 일반과세자가 주거용으로 임대를 줄 경우 이미 환급받은 부가가치세는 추징된다는 점에 주의해야 한다(서면상담3팀-1263, 2008. 6. 25 등). 현실적으로 오피스텔을 업무용으로 사용하고 있는지, 주거용으로 사용하고 있는지는 전입신고 여부로 판단한다. 전입신고를 하지 않고 주거용으로 사용하고 있으면 실질 과세의 원칙에 따라 판단한다.

Q¹. 오피스텔을 업무용에서 주거용으로 전환하는 경우 부가가치세는 어떤 식으로 과세되는가?

당초 환급받은 부가가치세 중 10년 중 미경과한 기간에 해당하는 부가가치세를 반환해야 한다(폐업 시 잔존재화에 대한 부가가치세 과세). 예를 들어 당초 환급세액이 1천만 원이고, 과세기간 중 5년이 경과했다면 500만 원을 반환해야 한다는 것이다.

Q². 오피스텔을 업무용으로 임대한 후 5년 후에 이를 양도했으나, 매수자가 이를 거주용으로 사용한 경우 환급받은 부가가치세를 반환해야 하는가?

이 경우에는 재화의 공급에 해당하기 때문에 당초 매수자한테 받은 10%의 부가가치세를 납부함으로써 납세의무가 끝났다. 따라서 당초 환급받은 부가가치세는 이 건과 무관하다.

2) 주거용에서 업무용으로 전환한 경우

오피스텔을 주거용에서 업무용으로 전환한 경우에는 월세 등에 대해 부가가치세가 과세된다. 따라서 이 경우에는 당초 환급받지 못한 부가가치세액 중 10년 중 미경과한 기간에 해당하는 부가가치세를 환급받을 수 있다.

Q³. 당초 주거용으로 오피스텔을 취득해 업무용으로 취득해 부가가치세를 환급받았다. 3년 후 이를 주거용으로 전환하면 부가가치세를 반환했는데 그 이후 다시 업무용으로 전환하는 경우에는 부가가치세를 환급받을 수 있는가?

그렇다. 세법은 10년 중 미경과한 기간에 해당하는 부가가치세를 환급받을 수 있도록 하고 있다(알아두면 좋을 절세 Tip이다).

2. 양도소득세

1) 업무용에서 주거용으로 전환한 경우

· 주거용으로 전환된 날 이후부터 주택에 해당한다.
· 1세대 1주택 비과세를 받기 위해서는 주택이 된 날로부터 2년 보유 등을 해야 한다.

2) 주거용에서 업무용으로 전환한 경우

· 업무용으로 전환한 후에 양도하면 이는 업무용 오피스텔의 양도로 보아 부가가치세 및 양도소득세 처리를 해야 한다.
· 주거용 오피스텔을 업무용 오피스텔로 전환한 후에 일반주택을 양도하는 경우에는 용도변경일로부터 일반주택을 2년 이상 보유하고 양도해야 한다. 2021년 1월 1일부터 2년 비과세 보유 기간의 기산일이 변경되었기 때문이다.

☞ 다른 주택을 보유한 상태에서 주거용 오피스텔을 먼저 양도하

거나 이를 업무용 오피스텔로 용도변경한 상태에서 남은 주택을 1세대 1주택 비과세로 양도할 때 '2년 보유기간'이 리셋된다는 점에 다시 한번 주의해야 한다.

Tip 업무용 또는 주거용 오피스텔의 과세방식

오피스텔에 대한 세금문제를 요약하면 다음과 같다.

구분	업무용 오피스텔	주거용 오피스텔
취득단계	부가가치세 환급	부가가치세 환급 불가능
보유단계	· 재산세 : 과세됨. · 종합부동산세 : 부속 토지의 공시지가가 80억 원을 초과하는 경우 과세됨.	· 재산세 : 과세됨. · 종합부동산세 : 다른 주택과 합산되어 기준시가가 6억 원 초과 시 과세됨.
임대단계	임대료 등에 부가가치세가 과세됨.	주거용으로 임대 시 : 주택으로 취급되므로 임대료에 대해서는 부가가치세가 없으나, 취득 시 환급받은 부가가치세는 추징대상임.
양도단계	일반건물로서 과세됨.	주택으로 취급되므로 주택에 대한 세금제도를 적용받게 됨.

03 상가겸용주택과 세무상 쟁점들

상가주택은 상가와 주택이 결합된 주택이다. 따라서 이런 종류의 건물을 취득하거나 보유할 때 발생하는 취득세나 재산세 등 지방세는 상가와 주택을 구분해 매겨진다. 하지만 국세인 양도소득세에서는 연면적의 크기에 따라 과세방식이 달라진다. 이하에서 이러한 문제를 좀 더 자세히 알아보자.

1. 취득 시의 세무

상가주택을 취득하면 부가가치세와 취득세 등이 발생한다.

1) 부가가치세

주택을 제외한 상가(점포) 부분에 대해서는 부가가치세가 발생하는 것이 원칙이다. 다만, 이에 대해서는 포괄양수도계약을 맺어 생략할 수 있다.

☞ 상가주택에서 부가가치세는 전체 공급가액 중 상가건물공급가액에 대해서만 발생하는데, 이와 관련해 주의할 것은 상가와 주택에 대한 토지와 건물의 가액을 제대로 안분계산해야 한다는 것이다. 만일 계약서상이 양도가액이 구분기재되었다 하더라도 그 구분기재된 건물과 토지의 양도가액이 임의기재되거나, 정상적인 거래 등에 비추어 사실상 합당하다고 인정되는 경우가 아닌 경우에는 그 가액의 구분이 불분명한 것으로 보아 기준시가 등의 비율로 재계산될 수 있기 때문이다(108페이지 참조).

2) 취득세

상가의 취득가액에 대해서는 4.6%, 주택의 취득가액에 대해서는 1.1~13.4%까지 부과될 수 있다.

☞ 이처럼 상가주택에 대한 취득세도 물건의 형태에 따라 세율이 달라지므로 인위적으로 상가와 주택의 가액을 정할 수 있다. 다만, 실무적으로 상가주택을 취득한 후 주택 부분과 상가 부분을 구분해 취득가액을 신고한 경우에는 이를 인정하나, 양도자의 양도소득세 계산 시 시가표준액으로 안분하는 것에 비해 30% 이상 차이가 발생하면 계약서상의 금액을 인정하지 않으므로 이러한 부분을 고려해 취득가액을 정할 필요가 있다.

2. 보유·임대 시의 세무

상가주택을 보유 및 임대 시에는 다음과 같은 세금문제들이 발생한다.

1) 재산세와 종합부동산세

원칙적으로 상가는 일반건축물로 주택은 주택으로 구분해 그에 맞는 재산세 등이 부과된다.

2) 부가가치세

상가의 임대부분에 대해서만 부가가치세가 발생하는 것이 원칙이다. 다만, 동일한 임차인에게 상가와 주택을 동시에 일괄 임대한 경우로써 주택의 연면적이 상가면적보다 더 크면 전체를 주택임대로 보아 임대료에 대해서는 면세를 적용한다.

3) 임대소득세

상가의 임대소득에 대해서는 그 금액의 크기와 관계없이 무조건 다른 소득에 합산해 종합과세가 된다. 하지만 주택에서 발생한 임대소득은 다른 주택과 합산해 연간 월세가 2천만 원이 안 될 경우에는 분리과세가 적용된다.

3. 양도 시의 세무

1) 주택과 상가의 구분과 과세판단

상가주택은 고가인지, 아닌지에 따라 세금 관계가 달라진다. 여기서 고가의 상가주택은 양도가액이 9억 원(2021년 12월 8일 이후는 12억 원)을 초과하는 경우를 말한다. 이때 주택의 면적이 주택 외의 면적보다 커서 전체를 주택으로 보는 경우에는 주택 외의 부분을 포함한 상가주택 전체의 실거래가액으로 고가주택 여부를 판정한다. 만일 주택의 면적이 주택 외의 면적보다 작은 경우에는 주택과 그 부수 토지의 가액만으로 고가주택 해당 여부를 판정한다.

① 고가 상가주택이 아닌 경우

· 상가주택 중 1세대 1주택 비과세를 판정할 때

상가주택을 양도하면 주택과 주택 외의 연면적을 종류별로 합산해 다음과 같이 과세판단을 한다.

	연면적 구분*	주택 양도소득세	상가 양도소득세
양도소득세	주택 > 상가	전체를 주택으로 보아 과세	상가 양도소득세는 없음.
	주택 = 상가	주택부분 별도 안분계산	상가부분 별도 안분계산
	주택 < 상가		

* 옥탑방 등 부수적인 시설은 용도에 따라 구분하되, 용도가 불분명한 경우 아래 면적별로 안분한다.

· 앞 외의 경우

주택은 주택, 상가는 상가로 구분해 양도소득세를 과세한다.

② 고가의 상가주택에 해당하는 경우(2022년)

2022년 이후 양도분부터는 고가의 상가주택에 대해서는 앞과 같이 구분하지 않고 주택은 주택, 상가는 상가로 보아 양도소득세를 부과한다.

2) 주택 양도소득세

전체 또는 일부가 주택에 해당하면 주택에 대한 양도소득세제도가 적용된다(1세대 1주택 해당 시 비과세 가능, 고가주택에 해당하는 경우에는 일부 과세).

3) 상가 양도소득세

상가에 해당하는 경우에는 상가에 대한 양도소득세 계산구조로 세금을 계산해서 신고해야 한다.

4. 상가주택의 양도와 세무상 쟁점

1) 상가주택을 주택으로 용도변경한 경우

상가주택을 주택으로만 용도변경한 경우에는 1세대 1주택 비과세 여부 정도만 신경 쓰면 된다. 세법은 상가를 주택으로 용도변경한 경우 용도변경일 이후의 보유기간 등을 따져 비과세 적용 여부를 판단한다. 이때 실제로 주거용으로 사용했다는 사실을 입증할 수 있는 구체적이고 합리적인 증빙을 제출하면 된다. 이에는 다음과 같은 것들이 있다.

· 재산세 과세대장 사본
· 전기요금, 가스요금(주거용) 납부확인서
· 주택용도 사용 사진
· 동네주민의 확인서 등

※ **부동산납세과-732, 2014. 9. 26**
건물이 공부상 주택 외의 건물로 되어있는 경우 건물의 용도는 사실상 사용하는 용도에 따라 구분하는 것이며, 사실상 용도가 불분명한 경우에는 공부상의 용도에 따르는 것임.

2) 상가주택을 상가로 용도변경한 경우

상가주택을 상가로만 용도변경한 경우에 발생할 수 있는 쟁점들을 정리하면 다음과 같다.

첫째, 용도변경 후 상가로 양도하면 상가에 대한 양도소득세를 내야 한다.

둘째, 매매계약의 특약으로 해당 주택의 매매대금을 청산하기 전에 매수자가 주택 외의 용도로 사용할 것을 약정한 경우에는 매매계약일 현재를 기준해 양도소득세 비과세를 판정한다(재일46014 -517, 1997. 3. 7). 이때 매수자는 잔금청산일을 기준으로 주택이 아닌 상가를 취득한 것으로 본다. 따라서 주택에 대한 취득세율(1~12%)이 아닌 상가에 대한 취득세율(4%)이 적용된다. 이러한 원리는 멸실의 경우에도 동일하게 적용된다. 즉 주택을 멸실할 것을 조건으로 계약한 경우, 매매계약일 현재를 기준으로 1세대 1주택 양도소득세 비과세가 적용되는 한편, 매수자는 잔금청산일을 기준으로 나대지에 대한 취득세율(4%)를 적용받게 된다(알아두면 좋을 정보에 해당한다).

셋째, 주택을 점포로 용도변경해 사업장으로 사용하다 이를 다시 주택으로 용도변경한 후 해당 주택을 양도하는 경우 거주기간 및 보유기간 계산은 해당 건물의 취득일부터 양도일까지의 기간 중 주택으로 사용한 기간을 통산한다(재산-2022, 2008. 7. 31).

Tip 고시원과 세금

1. 고시원과 부가가치세 과세 여부

고시원에 대한 부가가치세 과세 여부는 다음의 예규를 참조하기 바란다.

※ 서면 3팀-265, 2005. 2. 23

1. '학원의 설립·운영 및 과외교습에 관한 법률' 규정에 의하여 등록한 독서실은 부가가치세가 면제되는 도서관에 포함되는 것이나,
2. 고시준비생에게 독립된 방을 제공하거나 독립된 방과 음식을 함께 제공하는 형태의 고시원은 부가가치세가 면제되는 도서관에 포함되지 아니하여 부가가치세가 과세되는 사업에 해당하는 것임.

※ 부가46015-2544, 1997. 11. 12

【제목】

학원의 설립운영에 관한 법률에 의해 등록한 독서실은 면세되는 도서관에 포함되나 고시준비생에게 독립된 방을 제공하거나 음식을 함께 제공하는 형태의 고시원은 과세됨.

【질의】

1. 각종 고시준비생에게 독립된 방과 음식을 제공하고 매월 일정한 대가를 받는 고시원은 숙박업 중 하숙업으로 부가가치세가 과세된다는 예규(소비 46015-61, 1997. 2. 19, 재정경제원장관)가 있음.
2. 그러나 고시준비생에게 독립된 방 또는 좌석만을 제공하고 음식은 제공하지 않는 형태의 고시원도 이에 해당하는지. 하숙업이란 기본적으로 숙식을 제공하는 것이므로 음식을 제공하지 않는 형태의 고시원은 하숙업으로 볼 수 없는 것은 아닌지.
3. 이러한 형태의 고시원과 부가가치세가 면제되는 업종인 독서실과는 실질적으로 제공하는 용역이 같다고 판단되는데, 이 두 개의 업종 차이는 무엇이며, 부가가치세 과세 여부가 달라질 수 있는지.

【회신】

1. 학원의 설립 운영에 관한 법률 규정에 의하여 등록한 독서실은 부가가치세가 면제되는 도서관에 포함되는 것이나

2. 고시준비생에게 독립된 방을 제공하거나 독립된 방과 음식을 함께 제공하는 형태의 고시원은 부가가치세가 면제되는 도서관에 포함되지 아니하여 부가가치세가 과세되는 사업에 해당하는 것임.

2. 고시원과 양도소득세

고시원의 양도소득세는 고시원이 어떤 용도로 사용되는지의 여부에 따라 양도소득세의 내용이 달라진다.

※ 양도, 법규재산2013-562, 2014. 1. 17

[제목]

공부상 고시원으로 등재된 건물이 주택에 해당하는지 여부

[요지]

1세대 1주택 비과세 적용시 주택을 판단함에 있어, 공부상 고시원으로 등재되어 있는 건물을 사실상 주거용으로 사용하고 있는 경우에는 주택으로 보는 것이며, 이에 해당하는지는 사실 판단할 사항임.

[답변내용]

앞의 사전답변신청의 사실관계와 같이, '소득세법' 제89조 제1항 제3호 및 같은 법 시행령 제154조의 규정에 의하여 양도소득세가 비과세되는 1세대 1주택을 판정함에 있어 '주택'이라 함은 공부상 용도구분에 관계없이 사실상 주거용으로 사용하는 건물을 말하는 것이므로 공부상 제2종 근린생활시설인 고시원으로 등재되어 있는 건물이 주택에 해당하는지 여부는 사실 판단할 사항임.

04
상가·오피스텔 분양권에 대한 세무처리법

상가나 오피스텔을 분양받은 후 잔금을 치르기 전까지는 권리, 즉 분양권에 해당한다. 이러한 분양권을 양도할 때 부가가치세와 양도소득세가 발생한다. 이하에서 두 가지 내용에 대해 사례를 통해 알아보자.

1. 상가·오피스텔 분양권의 양도에 따른 세무처리법

K씨는 2022년 1월 1일에 총분양가의 10%인 4,200만 원을 지급하고 상가를 분양받았다. 다음 자료를 보고 물음에 답하면?

〈자료〉

· 총분양가

구분	금액
토지분 분양가	2억 원
건물분 분양가	2억 원
건물분 부가가치세	2천만 원
총분양가	4억 2천만 원

· 분양계약 조건

구분	토지 분양가	건물 분양가	부가가치세	계
계약금(10%)	2천만 원	2천만 원	200만 원	4,200만 원
1차 중도금(20%)	4천만 원	4천만 원	400만 원	8,400만 원
2차 중도금(30%)	6천만 원	6천만 원	600만 원	1억 2,600만 원
잔금(40%)	8천만 원	8천만 원	800만 원	1억 6,800만 원
계	2억 원	2억 원	2천만 원	4억 2천만 원

Q1. K씨는 일반과세자로 등록을 했다. 계약 시 납부한 부가가치세는 어떻게 환급받을까?

조기환급신고를 통해 환급을 받을 수 있다. 2022년 1월에 계약된 것이므로 같은 해 2월 25일까지 신고하면 통상 15일 내로 환급을 해준다.

Q². K씨는 이 분양권을 P씨에게 6천만 원에 양도했다. 이때 분양권매매 계약은 포괄양수도계약으로 진행되었다. 부가가치세는 얼마인가?

포괄양수도계약이 유효하게 성립하면 부가가치세가 발생하지 않는다.

Q³. 만일 앞의 거래가 포괄양수도계약이 성립되지 않으면 부가가치 세는 얼마나 발생할까?

① 6천만 원에 부가가치세가 포함되지 않는 경우

이 경우에는 6천만 원을 토지분과 건물분으로 나눠야 한다. 앞의 분양비율을 보면 토지와 건물은 50% 대 50%로 구성되어 있으므 로 토지공급가액과 건물공급가액은 각각 3천만 원이 된다. 따라서 부가가치세는 건물분에 대해서만 과세되므로 다음과 같이 부가가 치세가 결정된다.

· 부가가치세 = 3천만 원×10% = 300만 원

결국 해당 분양권의 매매가액은 6,300만 원이 된다. 참고로 세금 계산서를 받은 매수자는 일반과세자로 등록해 300만 원을 환급받 을 수 있다.

② 6천만 원에 부가가치세가 포함되어 있는 경우

이 경우에는 다음과 같은 식에 의해 안분해야 한다.

＊건물분 양도가액

$$= 6천만\ 원 \times \frac{건물\ 분양가(50\%)}{토지\ 분양가(50\%) + 건물\ 분양가(50\%) + 건물\ 분양가\ 부가가치세(5\%)}$$

따라서 사례의 경우 다음과 같이 분해가 된다.

· 건물 양도가액 = 28,571,428원
· 건물 부가가치세 = 2,857,140원
· 토지 양도가액 = 28,571,432원
· 계 : 6천만 원

Q⁴. 분양권 매도자 입장에서는 어떻게 계약하는 것이 좋을까?

포괄양수도로 계약을 하던지, 아니면 부가가치세 별도나 부가가치세는 매수자가 부담한다는 조건으로 계약하는 것이 좋을 것으로 보인다.

Q⁵. 분양권 매수자 입장에서는 어떻게 계약하는 것이 좋을까?

매매계약에 부가가치세 포함이라고 하는 것이 나은 방법이 될 수 있다.

Q⁶. 사례에서 만일 부가가치세 없이 처리된 경우라면 K씨는 얼마의 양도차익을 얻을까?

양도가액 6천만 원에서 취득한 가액(불입가액)이 4천만 원이므로 2천만 원의 차익을 얻었다.

Q⁷. 앞의 경우 양도소득세는 얼마인가?

양도소득세는 부가가치세를 제외한 양도가액과 취득가액을 기준으로 과세된다. 보유기간이 1년 미만인 경우 세율 50%가 적용된다.

구분	금액	비고
양도가액	6천만 원	
− 취득가액	4천만 원	
= 양도차익	2천만 원	
− 기본공제	250만 원	
= 과세표준	1,750만 원	
×세율	50%	1년 미만 보유 시의 세율
= 산출세액	875만 원	이외 지방소득세 10%가 추가됨.

참고로 상가 분양권의 양도소득세율은 주택 분양권과는 달리 50%, 40%, 6~45%가 적용된다. 주택 분양권은 2021년 6월 1일부터 1년 미만 보유는 70%, 1년 이상 보유는 60%가 적용되고 있다.

2. 상가·오피스텔 분양권과 세무처리법

상가나 오피스텔 분양권을 매매할 때 다음과 같은 내용에 유의하자.

1) 분양권 취득과 부가가치세 환급

분양권을 취득하면 건물공급가액의 10% 상당액을 환급받을 수 있다. 이때 분양계약이나 취득계약과 동시에 물건 소재지의 관할 세무서에 일반과세자로 사업자등록을 신청하고 제때 환급신청을 하는 것이 좋다.

2) 분양권 양도와 부가가치세 납부

분양권을 양도하면 부가가치세 문제가 발생한다. 이때 분양권 매매계약은 포괄양수도계약으로 해서 부가가치세가 발생하지 않도록 하는 것이 좋다. 참고로 매도자가 환급받은 부가가치세는 분양권 매매와는 전혀 무관하므로 얼마를 환급받았는지는 중요하지 않다.

3) 분양권 양도와 양도소득세 납부

부가가치세를 제외한 양도가액에서 취득가액을 차감한 양도차익에 대해 보유기간에 따른 세율로 계산된 양도소득세 납부의무가 있다. 참고로 당초 환급받지 못한 부가가치세가 있다면 이를 취득가액에 포함시킬 수 있다.

상가나 빌딩 또는 오피스텔을 신축해 분양 또는 임대하는 과정에서 발생할 수 있는 세무상 쟁점들을 정리해보자.

1. 구건물의 장부가액과 철거비용 처리

보유하고 있는 상가나 빌딩을 멸실시키는 경우가 있다. 이때 구건물의 장부가액과 철거비용 등에 대해 부가가치세와 종합소득세 처리를 어떤 식으로 하는지 궁금할 수 있다.

1) 구건물의 장부가액

건물을 사용 중에 철거하는 경우 남아 있는 장부가액(잔존가치)은 철거의 목적에 따라 다음과 같이 소득세처리를 한다. 참고로 이 경우에는 부가가치세의 문제는 없다.

① 토지만을 사용할 목적인 경우
철거한 건축물의 장부가액은 당해 토지에 대한 자본적 지출로 본다. 즉 토지의 원가에 편입시킨다.

② 건축물을 신축할 목적인 경우
이때는 기존건물의 장부가액을 새로운 건축물에 대한 자본적 지출로 본다. 즉 건축원가에 편입시킨다(단, 양도소득세는 필요경비에 미해당).

2) 철거비용
① 부가가치세
· 토지만을 사용할 목적인 경우
당해 철거비용은 토지에 대한 자본적 지출로 보기 때문에 철거비용 관련 부가가치세는 환급대상이 아니다.

· 건축물을 신축할 목적인 경우

철거비용에서 발생한 부가가치세는 과세사업과 관련해 발생한 것이
므로 이에 대해서는 환급을 받을 수 있다.

※ 부가 46015-1477, 1996. 7. 22
아파트 및 상가를 신축하기 위하여 기존건물을 철거하는 경우, 당해
철거비용은 부가가치세법 시행령 제60조 제6항에 규정한 토지 조성
등을 위한 자본적 지출에 관련된 매입세액에 해당되지 않는 것이며,
동 매입세액은 동법 제17조 제1항의 규정된 매출세액에서 공제되는
매입세액에 해당하는 것임.

② 소득세
철거비용에 대한 소득세 처리는 앞의 구건물의 장부가액과 같은 식
으로 처리해야 할 것으로 보인다.

2. 공사 중의 부가가치세 환급
상가를 신축할 때 발생하는 매입부가가치세는 환급을 받을 수 있다.
다만, 부가가치세가 면세되는 국민주택 규모 이하의 건설용역에 대해
서는 부가가치세가 발생하지 않으므로 환급대상에서 제외된다.

3. 상가 신축에 따른 취득세
공사를 완공한 후에는 원시취득한 건물에 대해 취득세를 납부해야
한다.

1) 취득세 과세표준
취득세의 과세표준은 취득 당시의 가액으로 한다. 이때의 취득가격
은 취득시기를 기준으로 그 이전에 해당 물건을 취득하기 위해 거래
상대방 또는 제3자에게 지급했거나 지급해야 할 직접비용과 다음 각
호의 어느 하나에 해당하는 간접비용의 합계액으로 한다. 다만, 취득

대금을 일시급 등으로 지급해 일정액을 할인받은 경우에는 그 할인된 금액으로 한다.

※ 취득세 과세표준의 범위

포함	불포함*
· 기존 건축물 철거비, 철거 용역비	· 부가가치세
· 토공사비, 파일(절토, 성토, 굴착, 흙막이 공사)	· 분양광고비
· 설계비, 감리비	· 단지 내 포장공사비
· 건설자금이자(세정-3608, 2007. 9. 5)	· 지목 변경이 수반되지 않는 조경공사비(단지
· 교환설비	외곽도로조성에 소요된 포장 및 조경공사비는 지
· 취득일 이전에 지급한 명도비용	법 제105조 5항에 의거 토지의 지목변경에 해당
· 빌트인 냉장고(빌트인이 아닌 경우는 불포함)	해 과세대상임)
· 산재보험료(세정 13407-33) 등	· 비치한 조각품
	· 지역난방공사비분담금(시설물을 취득한 것이
	아니므로 제외. 행자부 심사 2001-252, 2001.
	5. 28)
	· 사업권 양도양수비
	· 학교용지부담금
	· 하자보수충당금 등

* 기존 건물의 장부가액은 지출되는 비용이 아니므로 취득세 과세표준과 무관하다.

2) 취득세율

2.8%로 한다. 참고로 수도권 과밀억제권역에서 본점용 부동산을 취득(본점용으로 신축하거나 증축하는 건축물과 그 부속 토지만 해당)하는 경우에는 오래된 법인이라도 취득세 중과세(2.8%+4%=6.8%)가 적용된다는 점에 유의해야 한다('지방세법' 제13조 제1항).

4. 상가 분양에 따른 세무처리법

상가 신축이 완료된 후에는 상가 분양자에게 상가 소유권을 이전하고 매출에 대해서는 소득세를 납부하게 된다.

5. 상가 임대에 따른 세무처리법

상가 신축 후 임대가 시작되면 앞에서 본 임대수입에 대한 부가가치세 처리와 종합소득세 등의 업무가 뒤따르게 된다. 법인의 경우에는 법인세 등의 업무가 발생한다.

Tip 건물의 신축과 세금

건물을 신축할 때 다음과 같은 세목들이 관련을 맺는다.

구분	취득	보유	공사 중	준공
국세	농특세(취득세율 2%의 10%), 부가가치세	종합부동산세, 농특세 (종합부동산세의 20%)	부가가치세	–
지방세	취득세, 지방교육세	재산세 (지방교육세 별도과세)		취득세

참고로 건물 신축을 개인으로 할 것인지 법인으로 할 것인지에 대한 의사결정은 대출 관계, 취득세 중과문제, 임대소득에 대한 세부담 관계, 배당소득세, 건강보험료 등의 문제, 처분소득에 대한 세무처리 등 제반 분제를 종합적으로 검토한 후에 이루어지는 것이 좋다. 저자의 다른 책을 참조하거나 저자의 카페(네이버 신방수세무아카데미)로 문의해도 된다.

신방수 세무사의
확 바뀐 상가·빌딩 절세 가이드북

제1판 1쇄 2021년 12월 10일
제1판 2쇄 2022년 3월 15일

지은이 신방수
펴낸이 서정희 **펴낸곳** 매경출판㈜
기획제작 ㈜두드림미디어
책임편집 배성분, 최윤경 **디자인** 디자인 뜰채(apexmino@hanmail.net)
마케팅 강윤현, 이진희, 장하라

매경출판㈜
등 록 2003년 4월 24일(No. 2-3759)
주 소 (04557) 서울시 중구 충무로 2(필동 1가) 매일경제 별관 2층 매경출판㈜
홈페이지 www.mkbook.co.kr
전 화 02)333-3577
이메일 dodreamedia@naver.com(원고 투고 및 출판 관련 문의)
인쇄·제본 ㈜M-print 031)8071-0961

ISBN 979-11-6484-339-8 03320

부동산 도서 목록

📍 부동산 도서 목록 📍

세무사 7년차가 알려주는
세무조사
대비의 모든 것
대마: 단기 5단계 대1

향후 5년 부동산 정책 핵심 공략
문재인 시대
부동산 트렌드

주택 연출가
무조건 따라하기

커피 한 잔 값으로
초월세 오피스 주인 되기
리츠
얼리어답터

고수들을 안내주는   탑투오선 토지 경매
신의 한 수
금맥
경매

주택
아파트
세무 가이드북
실전편

권리분석
완전정복으로
10년 안에
10억 벌기

대한민국을
움직이는
땅 투자 법칙 100

땅투자
10단계 절대불변의 법칙

돈의 보감
평범한 샐러리맨, 투잡 경매로
5년에 10억 벌다

나는 갭 투자로
300채 집주인이
되었다

토지
세무
가이드북
실전편

新상가
투자
보물
찾기

상가
세무
가이드북
실전편

NPL
가격 산정의 비밀

응답하라!!
위기의
부동산

나는
토지 경매로
금맥을 캔다

토지보상경매
실전활용

세무조사
실무
가이드북
실전편

야생화의
기초 경매

㈜두드림미디어 카페(https://cafe.naver.com/dodreamedia)
Tel : 02-333-3577 E-mail : dodreamedia@naver.com